가식지 않는
쓸만한
영어

사회생활 필수
인싸회화

"안녕하세요.
쓸만한 영어의
Sophie Ban입니다."

저는 YouTube의 '쓸만한 영어'라는 채널을 통해 다양한 상황에서 쓸만한 영어 표현들과 함께 미국 생활, 미국 문화를 알려주는 이야기들을 여러분께 전하고 있습니다. 제 채널의 이야기들이 이렇게 한데 모여 책으로 다시 거듭나게 된 일은 저에게 있어서 아직도 꿈만 같습니다.

미국이란 이국땅에서 이민자로, 영어를 가르치는 일을 하는 사람으로, 영어가 편하지 않은 한인들의 소통 창구 역할을 하는 통역사로 살아가면서 실제 미국 현지에서 우리 한국인들이 영어 때문에 겪는 불편함과 힘든 상황들을 직접 목격하고 또 한국인들이 공통으로 느끼는 영어에 대한 감정적, 심리적인 사연들을 많이 접하게 된 일들이 작은 동기가 되었습니다. '나도 같은 한국인으로서 도움이 필요한 분들께 힘이 되면 좋겠다'는 마음으로 YouTube에 영상을 찍어 올리기 시작했고, 이제는 이러한 내용이 책으로 정리되어 더 큰 세상에 나와 더 많은 분들을 만날 수 있게 되어 정말 기쁩니다.

한국에 있을 때도 통역사로 일하면서 외국인을 많이 상대했었고, 입시에서부터 토익, 토플, 회화에 이르기까지 영어를 가르치면서 늘 영어를 사용해 왔지만 이러한 영어는 실제 미국 현지에서 미국인들과 관계를 형성하고 유지해 나가는데 필요한 영어와는 넘무나도 큰 차이가 있다는 것을 깨달았습니다. 단순히 언어적인 지식과 우리의 사고방식으로 미국인들과 소통하려 한다면 의도치 않게 실수를 범하게 되거나 서로 오해하는 문제들이 많이 발생하기 때문입니다. 따라서 2권에서는 미국인들과 소통하며 관계를 형성하고 유지해 나가는 데 필요한 매개체 역할을 할 수 있는 사회생활에 필요한 영어 회화를 담았습니다.

사실 한 나라의 언어는 그 나라의 문화와 사고방식을 대표하는 것이기에 단순히 언어적인 지식만 갖고 대화를 주고받기란 쉽지 않습니다. 따라서 미국 현지에서 미국인들과 어울리기 위해서는 그들과 우리의 정서 차이가 언어로 어떻게 다르게 표현되는지 이해한 후 상황에 따라 자연스럽게 대화가 오고갈 수 있는, 즉 '쌍방향'으로 소통되는 영어를 써야 합니다.

사실 사람 간의 관계 형성은 작은 대화에서부터 시작되는데, 이야기하는 것을 정말 좋아하는 미국인들은 장소나 친밀도와 상관없이 '스몰톡(small talk)'을 매우 즐겨 하기 때문에 '미국 사회에서는 스몰톡을 할 줄 아는 능력이 인간관계를 좌지우지한다'라는 말도 과언은 아닙니다.

실제 미국인들은 이웃, 학교 친구, 직장 동료, 심지어 낯선 사람과도 스몰톡을 매우 즐겨 합니다. 따라서 잠시 관광차 미국에 방문하더라도 입국 심사관에서부터 햄버거집 점원, 심지어 쇼핑센터 등지에서 같이 줄지어 서 있거나 함께 엘리베이터를 기다리는 낯선 사람에 이르기까지 언제든지 무방비 상태로 이들과 스몰톡을 나눌 수 있습니다. 하지만 이렇게 때와 장소를 가리지 않고 빈번하게 이루어지는 미국인들과의 스몰톡에서 적절하게 반응할 수가 없어 난감해지는 때가 많은데요. 그래서 우스갯소리로 원래 활발하고 말 많은 성격인 사람이 미국에 와서 '소심하고 조용한 성격'으로 바뀌었고, '스몰톡에 대한 공포가 생겼다'는 이야기를 심심찮게 들을 수 있습니다.

따라서 이 책에서 다루는 내용은 미국인들의 소통 방식 속으로 들어가 그들의 문화와 사고방식을 엿보고 이에 맞게 그들과 교제를 할 수 있게끔 여러분들을 이끌어 주는 안내자가 되어줄 것입니다.

돌이켜보면 저에게 영어란 단순한 '말의 도구'에 그치는 것만은 아니었습니다. 영어를 통해 더 다양하고 많은 사람을 만나 소통할 수 있었고, 이에 따라 더 많은 정보를 '번역'이란 필터 없이 생생하고 빠르게 얻을 수 있었습니다. 따라서 저 자신이 이해할 수 있는 세상이 더 넓어지고, 또 그런 세상을 누군가와 다시 나눌 기회를 갖게 해준 훌륭한 매개체였습니다.

그렇게 매일 영어를 하며 겪었던 저의 부끄러운 실수와 경험을 적은 오답 노트들은 어느새 일기장을 대신하게 되었고, 그 일기는 YouTube 영상으로 만들어지게 되었습니다. 그러한 YouTube 영상 이야기들을 모아 책으로 정리하게 되었고, 책을 쓰는 동안에는 마치 옛 앨범의 사진 한 장 한 장에 담긴 추억을 꺼내어보는 것만 같은 느낌이 들어 감회가 새로웠습니다.

돌아보면 짧은 몇 분짜리 영상이지만 그 영상을 준비하기까지 주제를 연구하고, 스크립트를 짜고, 단어 하나라도 다시 확인하고, 영상을 찍고 편집하고, 자막을 넣고, 영상을 올려 평을 받기까지 여러 과정을 거치는 만큼 그 안에 담긴 에피소드도 정말 많았습니다.

이렇게 영상을 만들고 책이 나오기까지 함께해준 많은 분들이 떠오릅니다. 무거운 카메라를 흔들리지 않도록 오랫동안 꼭 잡아주며 곁에서 묵묵히 함께 해주고 있는 주말 촬영 감독님인 남편과 일 때문에 바쁘다는 이유로 마음만큼 돌봐주지도 못한 엄마를 오히려 더 이해해주며 챙겨준 두 꼬맹이 리아와 아리, 그리고 영어에 대한 깊이 있는 조언을 해준 둘도 없는 친구이자 선생님인 Liz Williams와 부족한 게 많은 딸이지만 늘 아낌없이 응원을 해주신 부모님께 이 책을 바칩니다.

무엇보다 '영어를 잘하고 싶다'는 우리의 간절한 마음을 이용한 마케팅이 판치고, 우후죽순으로 쏟아져 나오고 있는 어그로성 YouTube 영어 채널들 사이에서도 저를 믿어주며 한결같이 함께해 주신 구독자분들과 매번 영상 내용을 꼼꼼히 정리해서 올려주는 수고를 해주신 박상아, 설진욱 구독자님, 이 책이 나오기까지 제가 지치지 않도록 이끌어주신 시대인 출판사의 심영미 팀장님께 깊은 감사의 마음을 함께 전합니다.

요즘 해외여행이나 워킹 홀리데이, 어학연수, 인턴, 외국계 회사 근무 등 영어를 쓰는 일이 점점 많아지고 있는 만큼 외국인들과 좋은 관계를 형성하고 발전시키는 것이 중요해지고 있는 시점에 이 책을 통해 그들과 좋은 관계를 쌓고 어떤 관계에서도 당당히 웃으며 말할 수 있는 기회를 더 많이 누릴 수 있기를 바랍니다.

로스앤젤레스에서

Sophie Ban

**"여러분은
미국에서
맞닥뜨리게 되는
아래와 같은 상황에서**

영어로 말을 걸고
대화하실 수 있나요?

☑ 새로 이사 온 옆집 사람에게 인사하며 말 걸고 싶을 때

☑ 친해지고 싶은 사람에게 연락처를 묻고 싶을 때

☑ 생일 파티를 열어 친한 사람들을 초대하고 싶을 때

☑ 알고 있는 맛집을 소개하며 같이 가자고 하고 싶을 때

☑ 아파 보이는 친구에게 걱정된다고 하며 챙겨 주고 싶을 때

☑ 연말 연시에 가까운 사람들에게 인사를 건네고 싶을 때

☑ 회사에서 승진한 친구에게 축하 인사를 건네고 싶을 때

☑ 집에 안 좋은 일이 있는 친구를 위로하며 다독이고 싶을 때

☑ 거만한 친구에 대해 불평하며 뒷담화를 하고 싶을 때

☑ 이기적인 직장 동료 때문에 힘들다고 푸념하고 싶을 때

☑ 광고성 전화가 걸려 왔을 때 됐다고 정중히 거절하고 싶을 때

☑ 호감이 있는 이성에게 데이트를 신청하고 싶을 때

☑ 학교 친구에게 들을 만한 수업이 뭔지 물어보고 싶을 때

☑ 회사 동료에게 부재 중 전화가 왔었다고 말해 주고 싶을 때

☑ 엘리베이터에서 마주친 사람과 자연스럽게 대화하고 싶을 때

자,
여러분이 영어로 잘 말할 수 있는 상황은
몇 가지나 됐던 것 같나요?

만약 앞서 나온 상황에서
절반도 영어로 제대로 말하지 못했다면,
여러분은 지금까지

"죽은 영어"

를 배운 것입니다.

미드를 보며
멋있는 표현, 재미있는 표현을 배우기 전에
우리가 가장 먼저 배워야 할 것은
미국인과 사귀고 어울리는 데에 정말 필요한

"쓸만한 영어"

가 아닐까요?

자, 그럼 이제부터 죽은 영어를 벗어나
진짜 쓸만한 제대로 된 영어,
한번 시작해 봅시다!

"이 책은 이렇게 공부하시면 됩니다."

1

사람 사귀기부터 각종 사회 생활까지!
15가지 주제별 '인싸회화' 학습

이웃 및 친구 사귀기부터 파티 열고 즐기기, 일상 대화 나누기, 인사 주고받기, 경조사 함께하기, 불만을 토로하기 및 정중히 거절하기, 연애/학교/직장 생활 등 다양한 상황에서 미국인과 사귀고 어울리며 제대로 대화할 수 있는 '인싸회화'를 학습하도록 합니다.

인싸회화 로드맵

1 이웃 사귀기
2 친구 사귀기
3 파티 열고 즐기기
4 일상 대화 나누기
5 안부 주고받기
6 감사 인사 & 명절 인사 나누기

11 똑 부러지게 거절하기
10 별로인 사람에 대해 불평하기
9 성격과 체질에 대해 이야기하기
8 슬픈 일 함께하기
7 기쁜 일 함께하기

12 연애 하기
13 학교 생활하기
14 직장 생활하기
15 엘리베이터 안에서 대화하기
인싸 성공!

2 한국과는 다른 미국 문화 & 에티켓 배우기

한국에서는 허리를 굽혀 인사하지만 미국에서는 가볍게 포옹을 하거나 뺨키스를 하며 인사하는 것과 같이, 각 나라엔 그만의 고유한 방식이나 풍습이 있기 마련입니다. 따라서 본격적인 인싸회화를 학습하기 전 미국에서 반드시 알아야 할 문화적인 정보를 먼저 배웁니다.

문화 엿보기

**다양한 미국의 인사법!
'악수, 허그, 뺨키스'는
언제 어떻게 해야 할까?**

중요하기 때문에 그 나라만의 문화와 분위
데요. 미국인이 인사를 주고받는 대표적인
이 있습니다.

사이에 하는 인사 '악수'

없는 것이라는 이야기도 있지만 이와 상관
니다. 단 연령 차이가 확연히 날 경우엔 좀
학생이 나이 많은 교수님께 악수를 먼저
악드리므로 이 경우 먼저 악수를 권하는 않
함께 '예의를 표하고 싶을 때 두 손으로
의 경우엔 손에 힘을 빼고 악하게 잡으
약수'는 서로에 대한 신뢰 표현이라 생각하
손에 힘이 적당히 느껴지도록 악수를 하

일 때 하는 인사 '허그'

친구, 그리고 처음 보는 사이라도 반갑게
다, 허그를 할 땐 반가움의 정도나 개인의
보통 너무 꼭 끼안지 않는 선에서 상대방
도 토닥거리는 식으로 친밀한 마음을 표현
갑게 표현하고 싶다면 뺨의 한쪽 부분이 서
번갈아 가며 짧게, 그리고 살며시 부딪히듯

하는 인사 '뺨키스'

짝 뽀뽀를 하는 듯한 소리만 내어 인사를
은 실제 뽀뽀를 할 수도 있지만 이 또한 반
가움과 친밀도에 따라 나눌 수 있습니다. 예를 들어, 크리스마스 가족 모임 때
멀리 있는 손주들이 놀러 오면 반가운 마음에 할머니가 손주들 뺨에 깊은 뽀
뽀를 할 수는 있지만 아무리 친하더라도 같은 또래 친구들끼리 오랜만에 만나
다고 해서 뺨을 비비며 뽀뽀를 하지는 않습니다.

3 미국인과 사귀고 어울리게 되는 120여 개 상황별 표현 & 대화 학습

15가지 주제에 걸쳐 등장하는 120여 개 상황에서 써먹을 수 있는 주요 영어 표현들을 익히고, 이를 활용하여 구성된 가상 대화문을 살펴보며 mp3를 듣고 따라 말하는 연습을 해 봅니다.

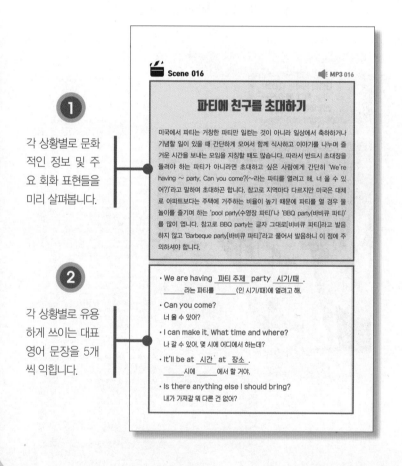

1

각 상황별로 문화적인 정보 및 주요 회화 표현들을 미리 살펴봅니다.

2

각 상황별로 유용하게 쓰이는 대표 영어 문장을 5개씩 익힙니다.

🎬 **Scene 016**　　🔊 MP3 016

파티에 친구를 초대하기

미국에서 파티는 거창한 파티만 일컫는 것이 아니라 일상에서 축하하거나 기념할 일이 있을 때 간단하게 모여서 함께 식사하고 이야기를 나누며 즐거운 시간을 보내는 모임을 지칭할 때도 많습니다. 따라서 반드시 초대장을 돌려야 하는 파티가 아니라면 초대하고 싶은 사람에게 간단히 'We're having ~ party. Can you come?(~라는 파티를 열려고 해. 너 올 수 있어?)'라고 말하며 초대하곤 합니다. 참고로 지역마다 다르지만 미국은 대체로 아파트보다는 주택에 거주하는 비율이 높기 때문에 파티를 열 경우 물놀이를 즐기며 하는 'pool party(수영장 파티)'나 'BBQ party(바비큐 파티)'를 많이 엽니다. 참고로 BBQ party는 글자 그대로[비비큐 파티]라고 발음하지 않고 'Barbeque party[바비큐 파티]'라고 풀어서 발음하니 이 점에 주의하셔야 합니다.

- We are having ＿파티 주제＿ party ＿시기/때＿ .
  ＿＿＿＿라는 파티를 ＿＿＿＿(인 시기/때)에 열려고 해.
- Can you come?
  너 올 수 있어?
- I can make it. What time and where?
  나 갈 수 있어. 몇 시에 어디에서 하는데?
- It'll be at ＿시간＿ at ＿장소＿ .
  ＿＿＿＿시에 ＿＿＿＿에서 할 거야.
- Is there anything else I should bring?
  내가 가져갈 뭐 다른 건 없어?

③ 본격적인 대화 연습에 들어가기 전, 어떤 흐름으로 대화를 이어 가면 좋을지 대화의 흐름부터 파악합니다.

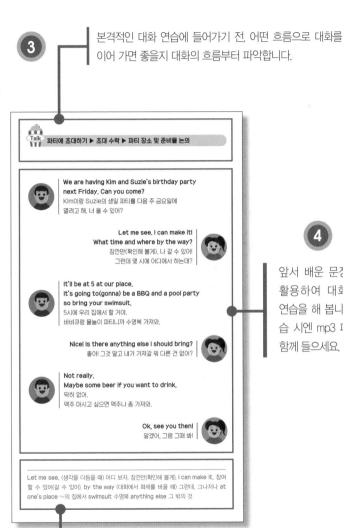

🎁 **Talk** 파티에 초대하기 ▶ 초대 수락 ▶ 파티 장소 및 준비물 논의

We are having Kim and Suzie's birthday party next Friday. Can you come?
Kim이랑 Suzie의 생일 파티를 다음 주 금요일에 열려고 해. 너 올 수 있어?

Let me see. I can make it!
What time and where by the way?
잠깐만(확인해 볼게). 나 갈 수 있어!
그런데 몇 시에 어디에서 하는데?

It'll be at 5 at our place.
It's going to(gonna) be a BBQ and a pool party
so bring your swimsuit.
5시에 우리 집에서 할 거야.
바비큐랑 물놀이 파티니까 수영복 가져와.

Nice! Is there anything else I should bring?
좋아! 그것 말고 내가 가져갈 뭐 다른 건 없어?

Not really.
Maybe some beer if you want to drink.
딱히 없어.
맥주 마시고 싶으면 맥주나 좀 가져와.

Ok, see you then!
알겠어, 그럼 그때 봐!

Let me see. (생각을 더듬을 때) 어디 보자. 잠깐만(확인해 볼게). I can make it. 참여할 수 있어(갈 수 있어). by the way (대화에서 화제를 바꿀 때) 그런데, 그나저나 at one's place ~의 집에서 swimsuit 수영복 anything else 그 밖의 것

④ 앞서 배운 문장들을 활용하여 대화하는 연습을 해 봅니다. 연습 시엔 mp3 파일을 함께 들으세요.

⑤ 대화에서 등장한 어휘들 중 잘 모를 수도 있는 어휘들을 하단에 정리하여 한눈에 살펴볼 수 있도록 하였습니다.

4 스스로 대화문을 만들어 보며
배운 내용 복습해 보기

배운 영어 문장들을 머릿속에 오래도록 가장 잘 남길 수 있는 방법은 바로 '직접 써먹어 보는 것'입니다. 따라서 상황별로 익힌 다양한 영어 표현들을 활용해 스스로 대화문을 영작해 보며 복습할 수 있도록 하였으니, 학습 후 반드시 직접 영작해 보도록 하세요.

5 600여 개의 쓸만한 영어 표현
한눈에 훑어 보기

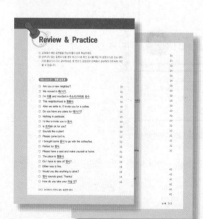

본 교재는 약 120여 개 상황별로 쓸만한 영어 표현 600여 개 및 대화를 배울 수 있는 교재이며, 교재 마지막 부분엔 대표 영어 문장 600여 개를 한눈에 훑어볼 수 있도록 표현 모음 부록을 제공합니다. (잊은 내용이 있을 경우 체크까지 할 수 있으니 부록을 반드시 활용하도록 하세요!)

6

Sophie Ban 선생님의
유튜브 강의 보기

상단의 QR코드 스캔 시 유튜브 강의 채널로 이동

쓸만한 영어_식당에서
쓸 수 있는 영어/영어공
부/영어회화
조회수 67만회 · 2년 전

쓸만한영어- 서브웨이
샌드위치 주문하기
_Ordering Subway...
조회수 35만회 · 2년 전

쓸만한 영어_스타벅스
커피 DriveThru_단체
커피주문_커피원두를...
조회수 64만회 · 2년 전

쓸만한 영어 - 영어 인사
받아치기 영어표현 /영
어공부/영어회화
조회수 28만회 · 1년 전

쓸만한영어 - 입국심사
때 쓸 만한 영어 (심사
태도에 대한 팁) / 영…
조회수 48만회 · 2년 전

쓸만한 영어 - 호텔에서
쓸 수 있는 영어/영어
공부/영어 회화
조회수 28만회 · 2년 전

본 교재는 약 29만여 명의 구독자를 보유하고 있는 저자 Sophie Ban 선생님
의 Youtube 채널 '쓸만한 영어'의 동영상 콘텐츠를 함께 시청하시면 더욱 효
율적입니다. 교재와 함께 미국 현지에 있는 저자의 생생한 목소리로 다양한
상황별 미국 문화 및 영어 표현들을 직접 듣고 배우며 보다 효율적인 학습을
체험해 보세요.

이웃 사귀기

다양한 미국의 인사법! '악수, 허그, 뺨키스'는 언제 어떻게 해야 할까?

인사는 첫인상을 좌지우지할 만큼 중요하기 때문에 그 나라만의 문화와 분위기에 맞는 인사를 하는 것이 중요한데요. 미국인이 인사를 주고받는 대표적인 방법으로는 '악수, 허그, 뺨키스' 등이 있습니다.

▶ 예의를 갖추는 자리, 처음 만나는 사이에 하는 인사 '악수'

항간에 악수는 여자가 먼저 권하지 않는 것이라는 이야기도 있지만 이와 상관없이 반갑게 먼저 악수를 권하면 됩니다. 단 연령 차이가 확연히 날 경우엔 좀 다를 수 있는데, 예를 들어 나이 어린 학생이 나이 많은 교수님께 악수를 먼저 청하는 일은 예의에 어긋난다고 생각되므로 이 경우 먼저 악수를 권하지는 않습니다. 또한, 한국에서는 반가움과 함께 '예의'를 표하고 싶을 때 두 손으로 잡고 악수하거나 상대방보다 아랫사람인 경우엔 손에 힘을 빼고 약하게 잡으며 악수를 하곤 하는데 미국에서 '악수'는 서로에 대한 신뢰 표현이라 생각하기 때문에 너무 꽉 잡지 않는 선에서 손에 힘이 적당히 느껴지도록 악수를 하는 것이 예의입니다.

▶ 누군가를 반갑게 맞아 주거나 헤어질 때 하는 인사 '허그'

미국에서는 오랜만에 만난 가족이나 친구, 그리고 처음 보는 사이라도 반갑게 맞아 주는 인사를 할 때 허그를 합니다. 허그를 할 땐 반가움의 정도나 개인의 성격에 따라 차이가 있을 수 있지만, 보통 너무 꼭 껴안지 않는 선에서 상대방을 가볍게 안은 후 등을 한두 번 정도 토닥거리는 식으로 친밀한 마음을 표현합니다. 이때 반가움을 좀 더 깊이 있게 표현하고 싶다면 뺨의 한쪽 부분이 서로 살짝 맞닿게 포개거나 양 뺨을 번갈아 가며 짧게, 그리고 살며시 부딪히듯 맞대며 인사를 하기도 합니다.

▶ 허그와 함께 뺨을 가볍게 부딪히며 하는 인사 '뺨키스'

미국에서는 아이의 뺨에 '쪽'하고 살짝 뽀뽀를 하는 듯한 소리만 내어 인사를 하는 뺨키스를 할 수 있습니다. 물론 실제 뽀뽀를 할 수도 있지만 이 또한 반가움과 친밀도에 따라 다를 수 있습니다. 예를 들어, 크리스마스 가족 모임 때 멀리 있는 손주들이 놀러 오면 반가운 마음에 할머니가 손주들 뺨에 짙은 뽀뽀를 할 수는 있지만 아무리 친하더라도 같은 또래 친구들끼리 오랜만에 만났다고 해서 뺨을 비비며 뽀뽀를 하지는 않습니다.

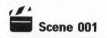

이웃과 처음 만나 인사 주고받기

미국인들은 새로운 동네로 이사를 가거나 혹은 살고 있는 동네에 새 이웃이 이사를 오면 컵케익이나 파이, 쿠키 등을 들고 찾아가 인사를 건네곤 합니다. 이처럼 새 이웃을 만나 인사를 주고받을 땐 'Hello! Are you a new neighbor?(안녕하세요! 새로 이사 온 분이시죠?) / Hi! We moved in ~.(안녕하세요! 저희는 ~(인 때/시기)에 이사 왔어요.)'와 같이 인사를 주고받은 뒤 서로의 이름을 소개하며 언제 이사를 왔는지, 혹은 먼저 인사 온 이웃에게 어디에 사는지 등을 묻고 답하며 대화를 나눌 수 있는데, 이웃과 이 이상의 대화를 계속해서 이어 나가고 싶다면 동네의 좋은 점이나 특징을 이야기하는 것도 좋습니다. 그리고 다음에 또 만나 이야기를 나누고 싶다면 'I'll invite you for a coffee.(커피 한잔 드시러 오라고 초대할게요.)'와 같은 말을 건네는 것도 좋겠죠?

- **Are you a new neighbor?**
  새로 이사 온 분이시죠?

- **We moved in _때/시기_ .**
  우리는 _____(인 때/시기)에 이사 왔어요.

- **I'm _이름_ and moved in _주소지/아파트 호수_ .**
  전(제 이름은) _____라고 하고 _____로 이사 왔어요.

- **This neighborhood is _형용사_ .**
  이 동네는 _____해요.

- **After we settle in, I'll invite you for a coffee.**
  정리하고 나면 커피 한잔 드시러 오라고 초대할게요.

Hello! Are you a new neighbor, right?
안녕하세요! 새로 이사 온 분이시죠?

Hi! We moved in this past Saturday.
안녕하세요! 저희는 지난 토요일에 이사 왔어요.

Nice to meet you. I'm Sophie.
I live in Unit 23.
만나서 반가워요. 전 Sophie라고 해요.
전 23호에 살고 있어요.

Nice to meet you too.
I'm Kim and moved in Unit 95.
저도 만나서 반가워요.
전 Kim이라고 하고 95호로 이사 왔어요.

Welcome! This neighborhood is
quiet and nice. And markets are close too.
반가워요! 이 동네가 조용하고 참 좋죠.
그리고 마켓도 가깝고요.

Yes, I think so. After we settle in,
I'll invite you for a coffee.
네, 그런 것 같아요. 정리하고 나면
커피 한잔 드시러 오라고 초대할게요.

---

neighbor 이웃 move in 이사 오다 past 지난, 과거의 unit (아파트 내의) 한 가구, 호수 close 가까운 settle in (새 집 · 직장 등에 자리를 잡고) 적응하다 (위에서는 문맥상 '새로 이사 와서 이삿짐을 정리하고 자리잡다'라는 의미) invite ▶ 초대하다

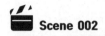

이웃을 집에 초대하기

이웃과 좀 더 친해지고 싶다면 가벼운 티파티를 열어 초대하는 것도 좋습니다. 이웃을 집에 초대하기 전엔 이웃의 일정이 괜찮은지 먼저 확인부터 하는 게 좋은데, 이땐 'Do you have plans for ~?(~(인 때/시기)에 계획 같은 거 있으세요?)'와 같이 물어보면 되며, 거창한 파티가 아닐 경우엔 'I'm having a little party.(작은 파티를 열 거예요.)'와 같은 말로 조촐한 파티를 열 계획이라 말하면 됩니다. 참고로 파티 시간을 '~시쯤'이라고 어림잡아 말하고 싶을 땐 '숫자+ish(약 ~시쯤)'이라는 표현을 써서 'Is 숫자+ish ok for you?(~시쯤 괜찮으세요?)'라고 물어보면 되고, 파티 계획이 괜찮다고 느껴질 땐 'ok, good, yes, uh-huh' 같은 말만 반복하기보다는 'Sounds like a plan!(좋은 계획인 것 같은데요!)'와 같이 맞장구를 치면 대화가 좀 더 즐겁게 흘러갈 수 있습니다.

- Do you have any plans for 때/시기 ?

  _____(인 때/시기)에 계획 같은 거 있으세요? (= 뭐하세요?)

- Nothing in particular.

  특별한 일(계획)은 없어요.

- I'd like to invite you to 동사 .

  _____하러 오시라고 초대하고 싶어서요.

- Is 숫자 ish ok for you?

  _____시 정도 괜찮으세요?

- Sounds like a plan!

  좋은 계획인 것 같은데요! (= 딱 좋아요!)

Hi, Sophie. Do you have any plans for
Friday afternoon?
안녕하세요, Sophie 씨. 혹시 금요일 오후에
계획 같은 거 있으세요? (뭐 하세요?)

No, nothing in particular.
아니요, 특별한 계획은 없어요.

Good! I'd like to invite you to come have
coffee or tea. I'm having a little party.
잘됐네요! 커피나 차 한잔 드시러 오라고
초대하고 싶어서요. 작은 파티를 열 거거든요.

Oh, thanks for inviting me.
Any other neighbors coming too?
어머, 초대해 주셔서 고마워요.
다른 이웃 분들도 오시나요?

Yes, Chris and Liz, my next door neighbors
will be there. Is 4ish ok for you?
네, 옆집 분들인 Chris 씨와 Liz 씨도 올 거예요.
4시쯤 괜찮으세요?

Sounds like a plan!
딱 좋아요!

---

plans for ~ ~(인 때)의 계획 (일상생활에서 '(앞으로) 할 일들'을 지칭할 때 많이 사용)
in particular 특별히 have a party 파티를 열다 next door neighbor 옆집 사람
Sounds like a plan. 좋은 계획(생각)이에요. (상대방의 계획에 동의하거나 맞장구를
칠 때 '진짜 그 계획이 딱 좋다'라는 의미로 많이 사용)

초대한 이웃을 맞이하기

초대한 이웃이 집을 방문했을 땐 'Hi, welcome! Please come (on) in.(안녕하세요! 어서 들어오세요.)'라고 인사하며 반갑게 맞이하면 되고, 반대로 이웃의 집을 방문하게 됐을 땐 가볍게 쿠키나 컵케익, 도넛 등을 준비해서 가져가면 좀 더 화기애애한 분위기를 만들 수 있습니다. 이때 아무 말 없이 건네기보다는 다정다감하게 'I brought some 음식 to go with the coffee/tea.(커피/차랑 같이 먹으려고 ~을 좀 가져왔어요.)'라고 말하며 건네면 더욱 좋겠지요? 그리고 집에 찾아온 이웃이 이러한 선물을 건네줬을 땐 'Thank you!'라고 짧게 답하기보다는 'They look so yummy. Perfect for tea time!(정말 맛있어 보여요. 티 타임에 딱이네요!)'와 같이 적극적으로 호응해 주며 감사한 마음을 표시하면 상대방에게 더욱 기분 좋게 들릴 것입니다.

- Please come (on) in.
  어서 들어오세요.

- I brought some 음식 to go with the coffee/tea.
  커피/차랑 같이 먹으려고 _____ 좀 가지고 왔어요.

- Perfect for 명사 .
  _____에 안성맞춤이네요.(딱이네요).

- Please have a seat and make yourself at home.
  앉아서 편히 계세요. (= 편히 앉아 계세요.)

- The place is 형용사 .
  집이 _____하네요.

Hi, welcome! Please come in.
안녕하세요! 어서 들어오세요.

Hi, I brought some cookies
to go with the coffee and tea.
안녕하세요, 커피와 차랑 같이 먹으려고
쿠키 좀 가져왔어요.

Aww.. Thanks. They look so yummy.
Perfect for tea time!
와.. 고마워요. 너무 맛있어 보여요.
티 타임에 딱이네요!

Hope everyone likes them.
다들 입맛에 맞으셨으면 좋겠네요.

Please have a seat and make yourself
at home. I'll bring the coffee and tea
to the living room.
앉아서 편히 계세요. (편히 앉아 계세요.)
제가 커피와 차를 거실로 가져올게요.

Ok. Your place is cozy and nice
by the way.
네. 그나저나 집이 아늑하고 참 좋네요.

---

come in 들어오다 bring 가지고 오다 (bring-brought-brought) go with ~ ~와 같이
가다 (위에서는 '~와 함께 하다(어우러지다)'라는 의미로 사용) yummy 아주 맛있는
make oneself at home (사람이) 자기 집에 있는 것처럼 편하게 지내다, 느긋하게(편
히) 쉬다 one's place ~의 장소(집) cozy 아늑한

초대한 이웃에게 대접하기

한국 문화에 대해 잘 알고 있는 미국인들이 한국인 이웃의 집을 방문했을 땐 이들이 먼저 '신발을 벗어야 하나요?'라고 물어볼 수도 있지만, 미국인들은 보통 집안에서 신발을 신고 생활하기 때문에 한국 문화에 대해 잘 모르는 미국인들이 집에 왔을 때 '신발을 벗고 들어와야 한다'고 말하게 되면 이들이 당황할 수 있습니다. 따라서 미국인 이웃이 방문했을 땐 'Either way is fine.(어느 쪽이든 괜찮아요. / 편한 대로 하세요.)'라고 하거나 'You don't need to take them off.((신발은) 꼭 벗지 않아도 돼요.)'라고 말하는 센스를 발휘하면 좋습니다. 그리고 집에 찾아온 이웃에겐 보통 커피를 대접하는 일이 많은데, 이를 대접할 땐 'How do you take your coffee?(커피는 어떻게 드세요?)'라고 물어보며 이웃의 기호에 맞게 커피를 대접하면 좋습니다.

- Do I have to take off _명사_ ?
  _____을 벗어야 하나요?

- Either way is fine.
  어느 쪽이든 괜찮아요. (= 편한 대로 하세요.)

- Would you like anything to drink?
  뭐 마실 것 좀 드릴까요?

- _명사_ sounds good. Thanks!
  _____가 좋겠네요. 고마워요!

- How do you take your _마실 것_ ?
  _____는 어떻게 드세요? (= 어떻게 해서 드세요?)

Hi, Kim. Come on in.
Kim, 안녕하세요. 어서 들어와요.

Thanks! Do I need to take off my shoes
or can I keep them on?
고마워요! 저 신발을 벗어야 하나요,
아니면 계속 신고 있어도 되나요?

 Either way is fine! Would you like anything
to drink? Coffee, tea, or juice?
편한 대로 하세요! 뭐 마실 것 좀 줄까요?
커피, 차, 아니면 주스가 있어요.

Coffee sounds good. Thanks!
커피가 좋겠네요. 고마워요!

 I was about to make some for myself.
How do you take yours?
저도 커피 좀 타서 마시려던 참이었어요.
커피는 어떻게 해서 드세요?

Usually I drink lattes, but I like black
with a spoonful of sugar and cream too.
저는 보통 라떼를 마시는 편인데, 블랙커피에
설탕 한 스푼이랑 크림 넣은 것도 좋아해요.

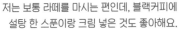

Come on in. (환영하며) 어서 들어오세요. take off ~ ~을 벗다 keep ~ on ~을 유
지하다 (위에서는 '~을 계속 입고/신고 있다'라는 의미로 사용) either way (둘 중) 어
느 쪽이든 A sound(s) good. A가 좋은 것 같네요. be about to V 막 ~하려고 하다
a spoonful of ~ ~ 한 숟가락(스푼)

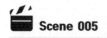

서로의 직업에 대해 이야기하기

교과서에서 배운 대로 'What is your job?(직업이 뭐예요?)' 또는 'What do you do for a living?(무슨 일 하세요?)'와 같은 말로 미국인 이웃에게 직업을 묻게 되면 문법이 틀린 건 아니지만 마치 교과서처럼 말하는 듯한 느낌을 줄 수 있습니다. 따라서 서로에 대해 알아가며 친분을 쌓는 대화에선 'What do you do?(뭐(어떤 일) 하세요?)' 또는 'What is your profession? 직업이 뭐예요(어떻게 되세요)?)'라고 물어야 자연스러우면서도 예의에 어긋나지 않습니다. 그리고 자신의 직업을 소개할 때 자신이 프리랜서인 경우 'I'm a freelancer.(전 프리랜서예요.)'라고 너무 광범위하게 말하기보다는 'I work from home most of the time.(전 대체로 재택근무를 해요.)'라고 하거나, 'I'm a freelance web designer.(전 프리랜서 웹 디자이너예요.)'와 같이 구체적으로 말하는 것이 좋습니다.

- **What is your profession?**
  직업이 뭐예요(어떻게 되세요)?

- **I work from home most of the time.**
  전 거의 집에서 일해요. (= 저는 대체로 재택근무를 해요).

- **I work at __직장__ from __시간1__ to __시간2__.**
  저는 _____시부터 _____시까지 _____에서 일해요.

- **It seems like __주어+동사__.**
  (직업이) _____인 것 같아요.

- **I have a/an __형용사__ daily routine.**
  전 _____한 하루 일과를 보내요.

What is your profession?
직업이 어떻게 되세요?

I work from home most of the time.
저는 대체로 재택근무를 해요.

**Good! I work at a bank from 9 to 5.
I've always been envious of people
who work from home.**
좋네요! 저는 9시부터 5시까지 은행에서 일해요.
그래서 재택근무하는 분들이 늘 부러웠어요.

**I'm a freelance web designer, so there is more
flexibility. But everything has pros and cons.**
전 프리랜서 웹 디자이너라 좀 더 유연성은 있죠.
하지만 모든 게 다 장단점이 있는 거죠.

**Absolutely! But it seems like you have more
freedom and can make more money.**
당연히 그렇죠! 그래도 더 자유로워 보이고
돈도 더 많이 벌 것 같아요.

**Not really. I have a strict daily routine to keep
myself busy or else I feel unemployed.**
꼭 그렇지도 않아요. 스스로 바쁘게 지내려고 엄격히
하루 일과를 지켜요. 안 그러면 실업자 같아서요.

---

be envious of ~ ~을 부러워하다 freelance 프리랜서로 일하는 flexibility 유연성
pros and cons 장단점 freedom 자유 make money 돈을 벌다 (daily) routine 일
과 keep oneself busy 바쁘게 지내다 unemployed 실업자인

서로의 가족에 대해 이야기하기

미국은 가족 중심 문화가 상당히 발달했기 때문에 집에 초대받게 되면 가족 사진을 보며 자연스럽게 가족에 대한 이야기를 많이 하게 됩니다. 이 같은 대화 중 가족이 몇 명인지 물어볼 땐 'How many members are in your family?(가족 구성원이 몇 명인가요?)'라고 해도 문법적으로 틀린 말은 아니지만 너무 공식 석상에서 묻는 질문처럼 들릴 수 있기 때문에 'How many people are in your family?'(member 대신 people로)' 또는 'How many siblings do you have?(형제가 몇이에요?)'라고 묻는 것이 자연스럽습니다. 그리고 '대가족'은 'a big family'라고 하는데, 성인이 되어 각기 따로 살다가 크리스마스와 같은 가족 행사에서 모인 대가족을 말할 땐 'the whole extended family(전체 (확)대가족, 온 가족)'이라고 표현합니다. 참고로 미국엔 '늦둥이'란 개념이 없기 때문에 자신이 늦둥이일 경우 '부모님께서 나를 '~에 낳으셨다'라고 풀어서 말하면 됩니다.

- This is a/an __형용사__ picture.
  _____한 사진이네요.

- How many people are in your family?
  가족이 몇이에요?

- There are __숫자__ of us in my family.
  저희 가족은 _____명이에요.

- I'm not married and I'm an only child.
  전 결혼은 안 했고 외동딸/외아들이에요.

- My parents had me when they were in __나이__ .
  부모님께서 _____(인 나이)에 절 낳으셨어요.

This is a beautiful family picture.
When was it taken?
가족 사진이 참 예쁘네요. 언제 찍은 거예요?

It was Christmas time 5 years ago.
이건 5년 전 크리스마스 때예요.

You have a big family.
How many people are in your family?
대가족이네요. 식구가 몇이에요?

There are just four of us in my family actually:
me, my husband and our two kids.
But the whole extended family gets together
for Christmas. What about you?
사실 저, 제 남편, 아이 2명, 이렇게 딱 4식구인데요.
크리스마스엔 온 가족이 다 모이거든요. 댁은 어때요?

I'm not married and I'm an only child. My parents
had me when they were in their mid 40s.
전 결혼은 안 했고 외동딸이에요.
부모님께서 40대 중반에 저를 낳으셨죠.

They must miss you a lot.
부모님께서 많이 보고 싶어 하시겠네요.

---

big family 대가족 whole 전체의 extended family (확)대가족, 온 가족 get together 모이다 married 결혼을 한, 기혼의 an only child 외동딸, 외아들 in one's mid 숫자s ~대 중반에 miss 그립다, 보고 싶어 하다

서로의 생활 습관에 대해 이야기하기

동네에서 아침 일찍 조깅을 하거나 강아지 산책을 시키는 이웃과 마주쳤을 때 'Hi' 또는 'How are you?'라고 간단히 인사만 하고 헤어질 수도 있지만, 여러 번 마주치게 되어 간단한 대화를 하고 싶을 땐 'You are pretty early this morning.(아침 일찍 나오셨네요.)'와 같은 말로 대화를 시작할 수 있습니다. 이때 서로의 생활 습관에 대한 이야기가 자연스럽게 오갈 수 있는데, 자신이 어떤 타입의 사람인지를 언급할 땐 'I'm (not) a morning person.(전 아침형 인간이에요(아니에요))'와 같이 말할 수 있고, 또한 자신이 고수하는 생활 습관의 좋은 점을 말할 땐 'A is the best way to V.(A가 ～하기엔 가장 좋은 방법이죠.)' 또는 'I go to bed before ～ p.m.(저는 ～시 전에는 자요.)'와 같이 운동 및 취침 시간에 대해서도 말할 수 있습니다.

- You are pretty early this morning.
  아침 일찍 나오셨네요.

- 특정 습관 is the best way to 동사 .
  _____가 _____하기엔 가장 좋은 방법이죠.

- I'm (not) a morning person.
  전 아침형 인간이에요(아니에요).

- I have to force myself to 동사1 to 동사2 .
  저는 동사2 하려고 억지로 동사1 해야 해요.

- I go to bed before 숫자 p.m.
  저는 _____시 전에는 자요.

Good morning.
You are pretty early this morning.
안녕하세요. 아침 일찍 나오셨네요.

Good morning, jogging is the best way
to start the day off fresh.
안녕하세요, 조깅이 하루를 신선하게 시작하기엔
가장 좋은 방법이죠.

Cool! I'm not a morning person so I have to
force myself to get up to walk my dog.
멋지네요! 저는 아침형 인간이 아니라서
개를 산책시키려고 억지로 일어나야 해요.

Your dog is helping you lead a healthy life!
당신이 건강한 생활을 할 수 있도록 개가 도와주네요!

Where does all your energy come from
by the way?
그런데, 그런 에너지가 다 어디에서 나는 거예요?

I go to bed before 9 p.m. since I realized
that the earlier I start my day,
the more efficient I am at work.
하루를 더 일찍 시작할수록 일을 더 효율적으로 할 수
있다는 걸 깨달은 후부터 밤 9시 전에는 자요.

---

start off 움직이기 시작하다 fresh 신선한 walk one's dog ~의 개를 산책시키다
lead a healthy life 건강하게 생활하다 by the way 그런데 efficient 효율적인, 능
률적인 realize 깨닫다 be at work 일을 하고 있다

이웃과 작별 인사 나누기

이웃과 담소를 나누다가 헤어질 때 다짜고짜 'Bye'라고 말하면 상대방이 당황할 수 있습니다. 이럴 땐 'I lost track of time.(시간 가는 줄 몰랐네요.)'라는 말과 함께 'I think I got to go now.(이제 가 봐야 할 것 같아요.)'라고 하면 대화를 자연스럽게 끝내며 작별 인사를 건넬 수 있습니다. 그리고 이 뒤에 'It was nice talking with you.(함께 얘기 나눠서 좋았어요.)'라는 말까지 하게 되면 Bye를 대신한 인사가 될 수 있고, 반대로 상대방이 이 같은 인사를 건넸을 땐 'Same here.(저도 그래요.)' 혹은 'Nice talking to you too.(저도 같이 이야기해서 좋았어요.)'라고 받아치면 됩니다. 그리고 작별 인사를 할 땐 'Bye' 외에도 'Take care.(들어가세요.)', 'Talk to you later.(다음에 얘기해요.)', 'Have a good rest of the day.(남은 하루도 잘 보내세요.)'와 같은 다양한 표현들을 활용해 인사를 건넬 수 있으니 참고해 두시기 바랍니다.

- It's 숫자 already? I lost track of time.
  벌써 _____시예요? 시간 가는 줄 몰랐네요.

- When do you have to pick up 사람 ?
  언제 _____을 픽업하러 가야 하나요(데리러 가야 하나요)?

- I think I got to go now.
  저 이제 가야 할 것 같아요.

- It was nice talking with you.
  얘기 나눠서 좋았어요.

- I'd love to have you over for 음식 next time.
  다음엔 저희 집에 오셔서 _____ 먹어요(먹으면서 수다 떨어요).

It's 3 already?
I lost track of time.
벌써 3시예요?
시간 가는 줄 몰랐네요.

So did I. When do you have to
pick up your kids?
저도 그랬네요. 언제 애들을
데리러 가야 되나요?

They get out at 3:30.
I think I got to(gotta) go now.
아이들이 3시 30분에 끝나요.
저 이제 가야 할 것 같아요.

Ok, it was nice talking with you.
네. 오늘 같이 얘기 나눠서 좋았어요.

Me too. I'd love to have you over
for coffee next time.
저도요. 다음엔 저희 집에 오셔서
커피 마시면서 수다 떨어요.

Sure! Have a good afternoon.
그럼요! 안녕히 가세요.

---

already 이미, 벌써 lose track of time 시간 가는 것을 잊다 pick up 데리러 가다 get out 나가다, 빠져 나오다 (위에서는 문맥상 아이가 학교에서 '끝나고' 나온다'는 의미) talk with ~ ~와 이야기하다 would love to V ~하고 싶다 have ~ over ~을 손님으로 맞이하다, (집에) 초대하다

Review & Practice

① _____

안녕하세요! 만나서 반가워요. 저는 Sophie라고 해요.

② _____

안녕하세요! 전 Kim이라고 해요. 전 지난 토요일에 이사 왔어요.

③ _____

커피나 차 한잔 드시러 오라고 초대하고 싶은데. 4시쯤 괜찮나요?

④ _____

어머, 초대해 주셔서 고마워요! (계획/시간대가) 딱이네요!

⑤ _____

(집을 방문) 커피와 차랑 같이 먹으려고 쿠키 좀 가져왔어요.

⑥ _____

고마워요. 너무 맛있어 보여요. 티 타임에 딱이네요!

⑦ _____

직업이 어떻게 되세요? 저는 9시부터 5시까지 은행에서 일해요.

⑧ _____

저는 대체로 재택근무를 해요. 프리랜서 웹 디자이너죠.

⑨ _____

가족 사진이 참 예쁘네요. 식구는 몇이에요?

_____ ⑩

저, 제 남편, 아이 2명, 이렇게 4식구예요. 댁은 어때요?

 ⑪ _____

전 결혼은 안 했고 외동딸이에요. 그나저나, 벌써 3시인가요?

_____ ⑫

네. 시간 가는 줄 몰랐네요. 오늘 같이 얘기 나눠서 좋았어요.

— 정답 —

① Hi! Nice to meet you. I'm Sophie.

② Hi. I'm Kim. I moved in this past Saturday.

③ I'd like to invite you to come have coffee or tea. Is 4ish ok for you?

④ Oh, thanks for inviting me. Sounds like a plan!

⑤ I brought some cookies to go with the coffee and tea.

⑥ Thanks. They look so yummy. Perfect for tea time!

⑦ What is your profession? I work at a bank from 9 to 5.

⑧ I work from home most of the time. I'm a freelance web designer.

⑨ This is a beautiful family picture. How many of you are there?

⑩ There are four of us in my family: me, my husband and our two kids. What about you?

⑪ I'm not married and I'm an only child. By the way, It's 3 already?

⑫ Yes. I lost track of time. It was nice talking with you.

이웃
사귀기

MISSION 1

친구
사귀기

MISSION 2

파티 열고
즐기기

MISSION 3

일상 대화
나누기

MISSION 4

안부
주고받기

MISSION 5

감사 인사
& 명절 인사
나누기

MISSION 6

기쁜 일
함께하기

MISSION 7

슬픈 일
함께하기

MISSION 8

성격과
체질에 대해
이야기하기

MISSION 9

별로인
사람에 대해
불평하기

MISSION 10

똑
부러지게
거절하기

MISSION 11

연애
하기

MISSION 12

학교
생활하기

MISSION 13

직장
생활하기

MISSION 14

엘리베이터
안에서
대화하기

MISSION 15

친구 사귀기

미국에서는
통하지 않는
한국식 외모 칭찬

▶ 친해지고 싶은 사람이 있다면 칭찬을 활용하라!

상대방과 친해지고 싶을 땐 보통 상대방의 외모에 대한 칭찬을 건네며 호감을 표현하는 것이 일반적인 방법 중 하나인데요. 미국에서도 이와 마찬가지로 남녀노소에 상관없이 상대방의 멋진 외모, 건강해 보이거나 젊어 보이는 외모 및 걸치고 있는 옷/액세서리 등에 대한 칭찬을 합니다. 상대방의 기분을 좋게 만드는 이러한 칭찬은 서로 친해질수록 일상적인 스몰톡(small talk)의 한 부분으로 여겨지는데요. 단, 미국과 한국의 문화적 차이 때문에 한국에서 칭찬으로 여겨지는 부분이 미국인에게는 불편하게 느껴질 수도 있기 때문에 몇 가지 조심해야 할 사항들이 있습니다.

▶ 외모, 몸매에 대한 칭찬은 미국인의 기분을 상하게 한다고?

한국에서는 하얀 피부, 쌍꺼풀이 있는 큰 눈, 오똑한 코, 큰 키와 긴 다리, 작고 갸름한 얼굴, 마른 체형 등을 성별과 연령에 상관없이 멋진 외모라고 칭찬하곤 하는데요. 하지만 미국에서 이러한 한국식 외모 칭찬을 하면 오히려 불편해할 수 있습니다. 미국에선 개인의 개성을 중시하기 때문에 누군가의 외모에 대해 구체적으로 언급하는 것은 '평가'를 하는 것으로 받아들여져 무례하게 여겨질 수 있습니다. 따라서 어린아이나 여성에게 키가 크다고 칭찬하거나 서양인들의 얼굴 구조상 누구에게나 있는 쌍꺼풀과 백인들의 흰 피부, 작은 얼굴과 마른 체형에 대해 언급하는 것은 칭찬이 아닌 의미 없는 말로 여겨질 수 있고 오히려 평가나 지적을 받고 있다는 느낌을 주어 기분을 상하게 할 수 있으니 주의해야 합니다.

▶ 현지 문화 속 'international manners'에 대한 우리들의 자세는?

이렇듯 한 나라의 문화와 생활, 넓게는 그 나라의 역사적인 배경의 영향으로 인해 한 나라에서 칭찬으로 받아들여지는 것이 다른 나라에선 정반대로 받아들여질 수 있는 것처럼, 타 문화권에서 생활하며 현지인들과 소통할 땐 그 문화에 맞는 대화를 하는 것이 좋습니다. 이처럼 현지 문화 속 '국제적인 예절(international manners)'을 배워 가는 자세는 원활한 소통에 있어 더할 나위 없이 중요한데요. 미드나 영화를 통해 간접적으로 문화를 체험한 뒤 노트에 적어 두고 이에 대한 배경 지식을 숙지해 두면 실제 현지에서 미국인을 마주했을 때 요긴하게 쓸 수 있을 것입니다.

연락처 주고받기

누군가와 친해질 기회를 만들 수 있는 가장 빠른 방법 중 하나가 바로 연락처를 주고받는 것입니다. 미국에서는 일면식이 있는 사이, 혹은 학교, 회사, 모임 등에서 연락처를 묻고 싶은 사람에게 자연스럽게 전화번호를 묻고 이를 저장하는 편입니다. 연락처를 주고받을 땐 전화번호를 먼저 받은 사람이 그 자리에서 상대방에게 전화를 걸어 상대방 또한 그 사람의 전화번호를 저장할 수 있도록 하는데요. 이때 'I'll call you now.(지금 제가 걸게요.)'라고 하면서 'You can save it on your phone right away.(당신 전화기에 바로 (제 번호를) 저장할 수 있을 거예요.)'라고 말합니다. 참고로 매력을 느낀 이성에게 연락처를 물 때 다짜고짜 'What's your phone number?(전화번호가 뭐예요?)'라고 하면 무례하고 투박한 인상을 줄 수 있으니 최대한 예의 있게 말해야 합니다.

- Can I have your phone number?
  전화번호 좀 알려 주실 수 있나요?

- My number is ___전화번호___.
  제 번호는 _____예요.

- Your number is ___전화번호___. Is that correct?
  (당신) 번호가 _____라는 거죠? 이게(이 번호가) 맞아요?

- What's yours?
  당신 것은(전화번호는) 뭐예요? (= 번호가 어떻게 되세요?)

- I'll call you now then you can save it.
  제가 지금 전화를 걸면 바로 저장할 수 있을 거예요.

Can I have your phone number?
전화번호 좀 알려 주실 수 있나요?

Of course.
My number is 123-4567.
물론이죠!
제 번호는 123-4567이에요.

Your number is 123-4567.
Is that correct?
번호가 123-4567이라는 거죠?
이 번호가 맞아요?

Correct! What's yours?
맞아요! 전화번호가 어떻게 되세요?

I'll call you now
then you can save it on your phone
and I can save yours too.
제가 지금 바로 전화를 걸면
전화기에 제 번호를 저장하실 수 있을 거예요,
그럼 저도 당신 번호를 저장할 수 있고요.

Yes, you are right!
네, 그렇게 하면 되겠네요!

---

correct 맞는, 정확한 yours 너의 것 (위에서는 문맥상 '상대방의 전화번호'를 뜻함)
save it on ~ 그것을 ~에 저장하다 (위에서 문맥상 'it'은 '상대방의 전화번호'를 지칭)
You are right. 당신이(당신의 말이) 맞아요. (위에서는 문맥상 상대방의 말에 동조하는
의미로 '그렇게 하면 되겠네요'라고 해석)

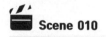
친구의 스타일 칭찬하기

칭찬은 상대방에 대한 관심을 표하며 친밀도를 높일 수 있는 아주 유용한 대화법입니다. 미국에서는 길에서 마주친 사람, 혹은 엘리베이터에서 만난 사람에게도 그 사람의 옷이나 머리 스타일, 액세서리 등이 보기 좋을 경우 칭찬을 곧잘 하는데요. 이처럼 상대방의 스타일을 칭찬할 땐 'You look great today.(너 오늘 멋져 보인다.)'라고 운을 띄운 뒤 'I love your ~.(네 ~(옷/액세서리 등)이 마음에 들어(정말 예뻐/멋져).)'와 같이 마음에 드는 곳을 구체적으로 칭찬하면 좋습니다. 반대로 내가 이러한 칭찬을 받았을 땐 간단히 고맙다고만 답해도 되지만 'I love your ~ too!(네 ~도 정말 마음에 들어(정말 멋져/예뻐)!)'와 같은 칭찬으로 답하면 더욱 좋습니다. 자, 여러분도 친구를 만났을 때 스타일이 멋지다고 칭찬하며 화기애애한 분위기를 만들어 보는 건 어떨까요?

- You look 형용사 today.
  너 오늘 _____해 보여.

- You made my day!
  덕분에 오늘 아주 기분 좋은걸!

- I love your 착용한 옷/액세서리 .
  네 _____가 마음에 들어. (= 네 _____가 정말 멋져/예뻐.)

- 착용한 옷/액세서리 look(s) good on you.
  _____가 네게 잘 어울려.

- You look way 비교급 형용사 .
  너 훨씬 더 _____해 보여.

You look great today!
너 오늘 정말 멋져 보인다!

Thanks! You made my day!
고마워! 덕분에 오늘 아주 기분 좋은걸!

I love your sweater too!
It fits you well and
that color looks good on you.
네 스웨터도 정말 멋진 걸.
너한테 완전 딱 맞고
색깔도 너랑 잘 어울려.

Thank you! Did you change
your hairstyle by the way?
고마워! 그런데 너 혹시
머리 스타일 바꿨어?

Yes, I did.
응, 바꿨어.

You look way younger and
more vibrant!
훨씬 더 어려 보이고
생기 있어 보여!

You made my day (special). 네가 나의 하루를 (특별하게) 만들어 줬어. (보통은 'special'을 빼고 쓰며, 친절을 베풀거나 부탁을 들어 준 상대에게 감사의 마음을 표하며 '덕분에 오늘 아주 기분이 좋다'라는 뜻으로 사용) fit 잘 맞다, 안성맞춤이다 look good on ~ ~와 잘 어울리다 vibrant 활기찬, 생기가 넘치는

친구의 외모 칭찬하기

미국에서 상대방의 외모를 칭찬할 땐 특히 '실제 나이보다 더 젊고 멋져 보인다'라는 말을 곧잘 하는데요. 이럴 땐 흔히 'You don't look a day over 숫자(나이).'라는 말로 칭찬을 많이 합니다. 이는 직역하면 '∼ 이후로 단 하루도 나이 들어 보이지 않는다'라는 뜻인데 이를 좀 더 풀어서 해석하면 '마지막으로 본 게 ∼살 때인데 하나도 안 변했다(전혀 안 늙었다) / ∼살 위로는 안 보인다'라는 뜻입니다. 또한 'Who would believe you are in your 숫자s?(누가 당신을 ∼대 나이로 보겠어요?)'라는 말로 더욱 센스 있게 칭찬할 수도 있을 텐데요. 특히 'be aging well and gracefully(곱고 우아하게 나이가 들어 간다)'라는 말로 칭찬을 건네면 미국인은 정말 좋아합니다. 단 연장자에겐 알맞은 억양과 어휘, 호칭 등으로 예를 갖춰 말해야 한다는 것을 잊지 마세요.

- You don't look a day over   숫자(나이) .
    _____살 위로는 안 보여요.

- Who would believe you are in your   숫자   s?
    누가 당신을 _____대 나이로 믿겠어요?

- You are aging well and gracefully.
    참 곱고 우아하게 나이 들었네요.

- I try to stay   형용사 .
    전 _____하게 지내려고 노력해요.

- What's your secret?
    비결이 뭐예요? (= 어떻게 관리해요?)

You don't look a day over 40.
(오랜만에 봤는데도) 40살 위로는 안 보여요.

Thank you!
You look good too.
고마워요! 당신도 멋진데요.

Who would believe you are in your 40s?
You are aging well and gracefully.
누가 당신을 40대라고 믿겠어요?
참 곱고 우아하게 나이 들었네요.

Oh, thank you very much!
I try to stay healthy.
어머, 정말 고마워요!
건강하게 지내려고 노력하거든요.

Your skin is glowing.
What's your secret?
피부에서도 빛이 나는데요.
어떻게 관리해요?

Since I quit coffee,
my skin looks brighter than ever.
커피를 끊고 나서부터
그전보다 피부가 더 밝아 보이는 것 같아요.

---

look good 좋아/멋져 보인다 age 나이가 들다 gracefully 기품 있게, 우아하게 stay healthy 건강을 유지하다 skin 피부 glowing 빛이 나는, 윤기가 있는 secret 비밀, 비결 quit 끊다 bright(er) (더) 밝은, (더) 빛나는

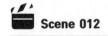

친구와 취미 공유하기

미국에서는 성인인 친구들끼리 서로의 취미를 묻고 소개한 뒤 모임이나 학원에 함께 다니며 친분을 돈독히 하는 경우가 많은데요. 취미에 대해 묻고 답할 땐 'What is your hobby?(취미가 뭐야?) / My hobby is ~.(나의 취미는 ~야.)'가 아니라 'What do you do for fun?(취미로 뭐해?) / I have a passion for ~.(난 ~(라는 취미)에 열중하고 있어.)'라는 식으로 묻고 답해야 훨씬 자연스럽습니다. 그리고 친구와 함께하고 싶은 취미가 있다면 'Why don't you ~?(~하는 게 어때?)'라는 말로 제안한 뒤 'It will work for you.(네게 딱 맞을 거야.)'라는 말까지 덧붙이면 더욱 좋을 것입니다. 참고로 대부분의 성인들은 '나만을 위한 휴식 시간'을 갖기 위해 취미 활동을 하는 편이며, 여기서 '나만의 시간'이라는 말을 영어로 표현할 땐 'me time'이라고 말합니다.

- What do you usually do for fun?
  넌 취미로 주로 뭐해?

- I've been taking a/an 특정 취미 class.
  난 _____라는 수업을 듣고 있어.

- I love 특정 취미 and I have a passion for it.
  난 _____을 정말 좋아해서 여기에 열중하고 있어.

- Why don't you 동사 ?
  _____해 보는 건 어때?

- That'd be perfect "me/you/us time".
  그건 완벽한 "나/너/우리만의 시간"이 될 거야.

Jin, what do you usually do for fun?
Jin, 넌 취미로 주로 뭐해?

I've been taking a pottery class for about a year and I love it. I have a passion for it.
나 1년 가량 도자기 수업을 듣고 있는데 너무 좋아. 여기에 열중하고 있어.

Sounds interesting. I'd like to focus on something in peace and quiet without any disturbances.
재미있을 것 같아. 난 방해 받지 않고 평온하고 조용한 분위기에서 뭔가에 집중하는 걸 좋아하거든.

Then, it will work for you! Why don't you do a trial class?
그럼 그게 너한테 딱 맞을 거야! 시험 삼아 수업 한번 들어 보는 건 어때?

Why not? That'd be perfect "me time" activity.
좋지! 완벽한 "나만의 시간"이 되는 활동이 될 것 같아.

Sure! I'll text their phone number so you can call and ask any questions you may have.
맞아! 내가 거기 전화번호를 문자로 보내 줄 테니까 전화해서 물어볼 거 있으면 물어봐.

---

have a passion for ~ ~에 대한 열정이 있다 (위에서는 문맥상 '~에 열중하다. ~을 매우 좋아하다'라는 의미로 쓰임) Why not? 왜 안돼? (앞선 문장에 대해 강한 동감을 표현하는 말로서 '안 될 게 뭐가 있어 = 그거 좋다'라는 의미로 쓰임)

친구를 목적지까지 태워다 주기

미국은 대중 교통이 대체로 잘 발달되어 있는 뉴욕과 같은 대도시를 제외하고는 전반적으로 자가 운전이 필수입니다. 따라서 차에 문제가 생겨서 몰지 못하게 되거나 택시를 부르기에도 애매할 경우엔 친분이 있는 사람에게 차를 태워 달라고 부탁하게 됩니다. 하지만 운전은 하루 일과 중 많은 부분을 차지하는 피곤한 일이기 때문에 아무리 친한 직장 동료나 가족이라 해도 이를 부탁하거나 해 주기엔 부담스러울 수 있습니다. 그러니 출장을 앞두고 있는 직장 동료나 친구에게 차를 태워 주겠다고 먼저 제안하면 정말 고맙게 생각하겠죠? 이처럼 차를 태워 주겠다고 제안할 땐 직접적으로 '~까지 태워 줄게'라고 말할 수도 있겠지만 'Do you need a ride to ~?(~까지 태워 줄까?)'라는 식으로 좀 더 부드럽게 제안하면 듣는 사람도 편하게 답할 수 있습니다.

- Do you need a ride to 장소 ?
  내가 _____까지 태워 줄까?

- I would appreciate it if you could 동사 .
  _____해 줄 수 있으면 나야 너무 고맙지.

- Give me your address and I'll pick you up.
  나한테 주소를 주면 내가 (거기서) 널 픽업할게.

- When is your flight?
  너 비행편이 몇 시지? (= 몇 시 비행기지?)

- I should be at A 숫자 hour(s) before my flight.
  나 비행 시간보다 _____시간 전에 A에 도착해야 돼.

I heard that you are going on
a business trip to Chicago.
Do you need a ride to the airport?
시카고로 출장 간다고 들었어.
내가 공항까지 태워 줄까?

I would appreciate it
if you could do that for me.
그렇게 해 줄 수 있으면 나야 너무 고맙지.

Sure! Give me your address
and I'll pick you up.
당연한 걸 갖고 뭘! 나한테 주소 주면
내가 (거기서) 널 픽업할게.

I'll text it to you now.
내가 지금 주소를 문자로 보낼게.

Got it! When is your flight?
받았어! 몇 시 비행기지?

It's at 10 and I should be at the airport
at least two hours before my flight.
10시인데 적어도 비행 시간보다
2시간 전에는 공항에 도착해야 해.

---

go on a business trip 출장을 가다 Sure! 물론이지! (감사 인사를 받고 'sure'이라고
답하면 '괜찮아(You're welcome)'라는 뜻이 되며 '당연히 내가 해야 할 일을 하는 거야'
라는 의미를 가짐) flight 비행(편) at least 적어도, 최소한

 MP3 014

친구의 힘든 일 도와주기

친구에게 힘든 일이 있어 도와주겠다고 할 경우, 친구와의 친밀도 및 사안이 얼마나 위급한지 여부에 따라 도움을 제안하고 응하는 방식에 차이가 있을 수 있습니다. 도움을 간단하게 제안할 땐 'Can I help you?(뭐 도와줄까?), Is everything fine/ok?(괜찮아? = 문제 없어?)'라고 말하면 되고, 특정한 일에 도움을 주겠다고 말할 땐 'Do you want me to help with ~?(내가 ~(하는 것) 좀 도와줄까?)'라고 하면서 'with' 뒤에 구체적인 사안을 언급하면 됩니다. 그리고 도움에 대한 감사 표현을 할 땐 'Thank you so much!(정말 고마워!), Really appreciate that!(정말 감사해요!)' 정도만 말해도 충분하지만, 절박한 상황에서 도움을 받아 더 깊은 고마움을 표현하고 싶을 땐 'You saved my life.(네가 나를 살렸어.), Thank you for saving my life.(덕분에 살았어. 고마워.)'라고 말하면 됩니다.

- Is everything ok?
  괜찮아? (= 너 괜찮은 거야? / 아무 문제 없는 거야?)

- I feel overwhelmed and depressed by 명사 .
  나 _____ 때문에 압박감도 심하고 우울해.

- Do you want me to help with 명사 ?
  내가 _____(하는 것) 좀 도와줄까?

- Feel free to let me know if you need 명사 .
  _____이 필요하면 나한테 편하게 얘기해.

- Having good friends makes things easier.
  좋은 친구가 있으니 일이 더 수월하네.

Talk 괜찮은지 묻기 ▶ 도와주겠다고 제안 ▶ 도와줘서 고맙다고 인사

Hi Jenny, is everything ok?
안녕 Jenny, 너 괜찮은 거야?

**I feel overwhelmed and depressed
by school.**
학교 때문에 압박감도 심하고 우울해.

**Do you want me to help with
your school project?**
내가 학교 숙제 좀 도와줄까?

That'd be great! You saved my life.
그럼 정말 좋지! 네 덕분에 살았어.

**Feel free to let me know if you need
my help! Anytime!**
도움이 필요하면 나한테 편하게 얘기해!
언제든!

**I'm so glad you're in my life.
Having good friends makes things
easier and less scary.**
내 인생에 네가 있어 정말 좋다.
좋은 친구가 있으니 일도 더
수월하고 겁도 덜 나네.

---

feel overwhelmed 압박감을 느끼다. 스트레스를 받다 feel depressed 우울하다
You saved my life. 네가 내 목숨을 살렸어. = 덕분에 살았어. (난처한 상황에서 그만
큼 큰 도움이 되었다고 감사할 때 쓰는 표현) feel free to V 부담 없이(거리낌없이) 편
하게 ~하다 less scary 덜 무서운, 겁이 덜 나는

Review & Practice

① _____

전화번호 좀 알려 주실 수 있나요?

_____ ②

물론이죠! 제 번호는 123-4567이에요.

③ _____

(친해진 후) 내가 공항까지 태워 줄까?

_____ ④

그렇게 해 줄 수 있으면 나야 너무 고맙지.

⑤ _____

당연한 걸 갖고 뭘! 나한테 주소 주면 내가 (거기서) 널 픽업할게.

_____ ⑥

(차를 타고 가면서) 넌 취미로 주로 뭐해?

⑦ _____

나 1년 가량 도자기 수업을 듣고 있어.

_____ ⑧

재미있을 것 같네. 완벽한 "나만의 시간"이 되는 활동이 될 것 같아.

⑨ _____

그나저나, 넌 피부에서 빛이 난다. 어떻게 관리해?

_____ ⑩

커피를 끊고 나서부터 그전보다 피부가 더 밝아 보이는 것 같아.

⑪ _____

훨씬 더 어려 보이고 생기 있어 보여!

_____ ⑫

고마워! 덕분에 오늘 아주 기분 좋은걸!

--- 정답 ---

① Can I have your phone number?

② Of course. My number is 123-4567.

③ Do you need a ride to the airport?

④ I would appreciate it if you could do that for me.

⑤ Sure! Give me your address and I'll pick you up.

⑥ What do you usually do for fun?

⑦ I've been taking a pottery class for about a year.

⑧ Sounds interesting. That'd be perfect "me time" activity.

⑨ By the way, your skin is glowing. What's your secret?

⑩ Since I quit coffee, my skin looks brighter than ever.

⑪ You look way younger and more vibrant!

⑫ Thanks! You made my day!

이웃
사귀기

MISSION 1

친구
사귀기

MISSION 2

파티 열고
즐기기

MISSION 3

일상 대화
나누기

MISSION 4

안부
주고받기

MISSION 5

감사 인사
& 명절 인사
나누기

MISSION 6

기쁜 일
함께하기

MISSION 7

슬픈 일
함께하기

MISSION 8

성격과
체질에 대해
이야기하기

MISSION 9

별로인
사람에 대해
불평하기

MISSION 10

똑
부러지게
거절하기

MISSION 11

연애
하기

MISSION 12

학교
생활하기

MISSION 13

직장
생활하기

MISSION 14

엘리베이터
안에서
대화하기

MISSION 15

파티 열고 즐기기

미국인들이 즐기는 다양한 파티 종류와 파티별 특징

▶ 함께 모여 음식을 먹고 즐기는 미국의 소소한 파티 문화

'파티'라고 하면 한국에서는 화려하고 거창한 행사를 떠올리는 경향이 많지만 미국인들에게 파티는 기념할 일이나 축하할 일이 있을 때 다같이 모여 음식을 먹고 즐기는 소소한 일상적 모임입니다. 그리고 미국인들은 파티를 준비해서 열고 어울리는 모든 과정을 즐기기 때문에 파티 용품 및 파티 행사와 관련된 비즈니스도 쉽게 찾아 볼 수 있습니다.

▶ 아이들 사이에서 열리는 다양한 파티

아이들 사이에서 가장 많이 여는 파티는 단연 '생일 파티'입니다. 프리스쿨이나 초등 저학년 아이들의 생일 파티의 경우, 아이들끼리 어울려 놀면서 생일 주인공에게 좋은 추억을 남겨 줄 수 있는 작은 파티를 많이 열고, 생일 주인공이 파티에 와 준 친구들에게 답례품으로 구디백(Goodie bag: 파티가 끝난 뒤에 아이들에게 집에 가져가도록 주는 과자와 선물이 든 봉지)을 줍니다. 또한 학교에 다니는 아이들은 학기말을 앞두고 파자마, movie, popsicle 파티 등을 많이 여는데요. 파자마 파티에서는 집에서 입는 파자마를 편하게 입고 학교에 가거나 혹은 좋아하는 인형을 갖고 학교에 가서 팝콘을 먹으며 영화를 보는 시간을 갖습니다. 이때 아이스크림을 같이 먹으면 Popsicle(아이스캔디, 하드와 같은 빙과류) 파티가 됩니다. 이 외에도 다양한 월별 기념일(예 Halloween (할로윈), Thanksgiving(추수감사), Christmas(크리스마스) 등) 시즌에 맞춰 학교 자체에서 학부모회와 함께 대대적으로 파티를 여는 모습도 볼 수 있습니다.

▶ 할로윈, 크리스마스 파티에서부터 베이비 샤워 파티까지

할로윈과 크리스마스가 되면 종교에 따라 파티를 열거나 안 열기도 하지만 대부분의 사람들이 해마다 가장 많이 기다리고 즐기는 시즌으로서 몇 달 전부터 집의 외관이나 마당, 실내 장식 등을 준비하는 걸 흔히 볼 수 있습니다. 또한 결혼을 앞둔 신랑/신부가 친구들과 함께 즐기는 총각/처녀 파티(bachelor/ bachelorette party)나 예비 신부가 신혼 살림에 필요한 물건들을 특정 매장에 등록해 두면 친구들이 그 물건들을 하나씩 선물로 준비해 가져와 파티를 여는 신부 파티(bridal shower)도 있고, 출산을 앞둔 예비 산모와 아기를 위한 베이비 샤워(baby shower)도 있습니다.

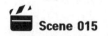

파티 계획하기

일반적인 저녁 식사도 재미있고 유쾌한 'dinner party'처럼 보낼 만큼 미국인들은 다양한 종류의 파티를 일상적으로 즐기며, 이 같은 파티를 통해 친구들과 교류하며 친분을 쌓습니다. 이처럼 다양한 목적의 파티를 친구들에게 열자고 제안할 땐 'Why don't we ~?(우리 ~하는 게 어때?)'라는 구문에 'have/throw a party'라는 표현을 넣어서 말하면 되는데, 격식을 덜 차린 자유로운 파티를 연다고 할 땐 'have a party', 좀 더 신경 쓴 상차림과 장식을 한 파티를 연다고 할 땐 'throw a party'라는 표현을 많이 씁니다. 참고로 파티에 필요한 음식이나 장식 등을 '준비한다'고 할 땐 'prepare(준비하다)'라는 단어보다는 좀 더 구체적인 단어를 써서 말하는 것이 적절한데, 예를 들어 음식을 요리해서 준비하는 경우엔 'cook', 음식을 사 와서 준비하는 경우엔 'bring'을 쓰는 것이 좋습니다.

- A's birthday is __때/시기__ .
  A의 생일이 _____야.

- Why don't we throw a (surprise) party for A?
  우리 A를 위해 (깜짝) 파티를 열어 주는 건 어때?

- That's a good idea. I'm sure A will __동사__ .
  좋은 생각이야. A가 분명 _____할 거야.

- I'll cook A's favorite foods.
  난 A가 가장 좋아하는 음식을 요리(준비)할게.

- I'll decorate __명사__ .
  난 _____을 장식할게.

Kim's and Suzie's birthdays are next month.
Kim이랑 Suzie의 생일이 다음 달이야.

Right, they were born just 10 minutes apart.
맞아. 걔네 딱 10분 차이로 태어났잖아.

Why don't we throw a surprise party for them?
걔네를 위해서 우리가 깜짝 파티를 열어 주는 건 어때?

That's a good idea! I'm sure they'll be happy about it.
좋은 생각이야! 걔네들 분명 마음에 들어 할 걸.

Of course! I'll cook their favorite foods.
당연하지! 난 걔네가 가장 좋아하는 음식을 준비할게.

Then I'll decorate the tables and the walls.
그럼 내가 테이블이랑 벽을 장식할게.

---

next month 다음 달 ~ minute(s) apart ~분 차이로(간격으로) throw a party 파티를 열다 surprise party 깜짝 파티 Why don't we ~? ~하는 건 어때? be happy about ~ ~에 만족하다(마음에 들어 하다) decorate 장식하다, 꾸미다 wall 벽

파티에 친구를 초대하기

미국에서 파티는 거창한 파티만 일컫는 것이 아니라 일상에서 축하하거나 기념할 일이 있을 때 간단하게 모여서 함께 식사하고 이야기를 나누며 즐거운 시간을 보내는 모임을 지칭할 때도 많습니다. 따라서 반드시 초대장을 돌려야 하는 파티가 아니라면 초대하고 싶은 사람에게 간단히 'We're having ~ party. Can you come?(~라는 파티를 열려고 해. 너 올 수 있어?)'라고 말하며 초대하곤 합니다. 참고로 지역마다 다르지만 미국은 대체로 아파트보다는 주택에 거주하는 비율이 높기 때문에 파티를 열 경우 물놀이를 즐기며 하는 'pool party(수영장 파티)'나 'BBQ party(바비큐 파티)'를 많이 엽니다. 참고로 BBQ party는 글자 그대로[비비큐 파티]라고 발음하지 않고 'Barbeque party[바비큐 파티]'라고 풀어서 발음하니 이 점에 주의하셔야 합니다.

- We are having __파티 주제__ party __시기/때__ .
  _____라는 파티를 _____(인 시기/때)에 열려고 해.

- Can you come?
  너 올 수 있어?

- I can make it. What time and where?
  나 갈 수 있어. 몇 시에 어디에서 하는데?

- It'll be at __시간__ at __장소__ .
  _____시에 _____에서 할 거야.

- Is there anything else I should bring?
  내가 가져갈 뭐 다른 건 없어?

We are having Kim and Suzie's birthday party next Friday. Can you come?
Kim이랑 Suzie의 생일 파티를 다음 주 금요일에 열려고 해. 너 올 수 있어?

Let me see. I can make it!
What time and where by the way?
잠깐만(확인해 볼게). 나 갈 수 있어!
그런데 몇 시에 어디에서 하는데?

It'll be at 5 at our place.
It's going to(gonna) be a BBQ and a pool party so bring your swimsuit.
5시에 우리 집에서 할 거야.
바비큐랑 물놀이 파티니까 수영복 가져와.

Nice! Is there anything else I should bring?
좋아! 그것 말고 내가 가져갈 뭐 다른 건 없어?

Not really.
Maybe some beer if you want to drink.
딱히 없어.
맥주 마시고 싶으면 맥주나 좀 가져와.

Ok, see you then!
알겠어, 그럼 그때 봐!

Let me see. (생각을 더듬을 때) 어디 보자. 잠깐만(확인해 볼게). I can make it. 참여할 수 있어(갈 수 있어). by the way (대화에서 화제를 바꿀 때) 그런데, 그나저나 at one's place ~의 집에서 swimsuit 수영복 anything else 그 밖의 것

파티 초대를 거절하기

파티 초대를 받았을 경우 종종 선약이나 다른 일정이 있어 갈 수 없는 상황이 발생하기도 합니다. 이럴 때는 초대해 준 마음은 고맙지만 '갈 수 없다(I can't make it)'라는 식으로 말하며 거절하면 되는데요. 이때 'I'm sorry'까지 덧붙여 최대한 아쉬운 마음을 담아 'I'm sorry but I can't make it.(미안한데, 나 못 갈 것 같아.)'라고 말하면 좋습니다. 또는 'I'd really love to go but I have to ~.(정말 가고는 싶은데 ~해야 해서.)'라고 말하며 못 가는 이유까지 간단히 언급해도 되는데, 초대에 거절하는 이유를 일일이 설명할 필요는 없으니 너무 부담을 느낄 필요는 없습니다. 특히 초대장을 받은 파티는 참석 여부를 알려 주는 RSVP(참석 여부 답장)을 보내야 하는 경우가 많은데, 이때에도 'I'm sorry but I can't make it.'과 같은 식으로 간단히 답하면 됩니다.

- _ 사람 _ invited me to the party but I can't make it.
  _____가 파티에 날 초대했는데 난 못 가.

- That's too bad.
  너무 아쉽다.

- I'd love to go but I have to _ 동사 _.
  정말 가고는 싶은데 _____ 해야 해서.

- We should get together another time.
  우린 다음에 (또) 모이면 되니까.

- Please say " 인사말 " to _ 사람 _ for me.
  나 대신 _____에게 "_____"라고 좀 전해 줘.

Sophie invited me to Kim and Suzie's
birthday party but I can't make it.
Sophie가 Kim이랑 Suzie의 생일 파티에
날 초대했는데 난 못 가.

That's too bad. Why?
It'll be super fun.
너무 아쉽다. 왜?
정말 재미있을 텐데.

I'd really love to go but I have to go
out of town for business.
정말 가고는 싶은데 출장을 가야 해서.

Oh, I'm sorry. But we should
get together another time.
아쉽다. 그래도 우린 다음에
또 모이면 되니까.

Ok, please say "Happy Birthday"
to them for me.
그래, 나 대신 걔네한테
"생일 축하한다"고 좀 전해 줘.

I will. Have a good trip.
그럴게. 출장 잘 다녀오고.

---

make it 해내다 (위에서는 문맥상 not이 붙어 '(파티에) 갈 수 없다, 못 가다'라는 의미)
super 정말, 대단히 go out of town for business 출장을 가다 get together 모
이다 another time 언제 다시 한번, 다음에

파티 공간을 함께 장식하고 꾸미기

미국인들은 파티 장소를 함께 장식하며 꾸미는 것을 매우 즐겨 하기 때문에 다같이 모여 파티 공간을 꾸밀 때 각자 가지고 온 장식품을 어디에 놓을지 의논하며 친목을 도모합니다. 이때 사람들과 원활하게 소통해야 파티를 잘 준비할 수 있는데, 자신이 어떤 장식품을 가지고 왔는지 말하거나 다른 이에게 무언가를 가져다 달라고 부탁할 땐 동사 'bring'을 쓰면 됩니다. 예를 들어 '내가 A, B, C를 가져 왔어.'라고 할 땐 'I brought A, B, and C.', 'A, B, C좀 갖다 줄래?'라고 부탁할 땐 'Can you bring me A, B, and C?'라고 말하면 됩니다. 덧붙여 '~(파티 장식품 등)을 어디에 둬야 해?'라고 물을 땐 '의무'의 뉘앙스를 가진 'Do I have to ~?'가 아닌 상대방의 생각이나 의견을 묻는 뉘앙스의 'Where should I put ~?'을 써서 말해야 적절합니다.

- Did you bring __명사__ ?
  너 _____을 가지고 왔어?

- I brought A, B and C.
  나 A랑 B랑 C를 가지고 왔어.

- Where should we put __명사__ ?
  우리 _____은 어디에 둘까?

- Let's put __명사__ on __놓을 곳__ .
  _____은 _____에 두자.

- Can you give me a hand with A?
  A(를 하는 것) 좀 도와줄 수 있어?

Hi Christine, did you bring all those decorations?
안녕, Christine. 네가 이 장식품들 다 가지고 온 거야?

Yes. I brought some balloons, centerpieces and a birthday banner.
응. 풍선이랑 테이블 가운데에 놓을 장식이랑 생일 배너를 가지고 왔어.

Wow, they are beautiful!
와, 이것들 예쁘다!

Where should we put the balloons and flowers?
우리 풍선이랑 꽃은 어디에 둘까?

Let's put half of the balloons on the ceiling and put the other half on the wall.
풍선의 반은 천장에 붙이고, 나머지 반은 벽에 붙이자.

Good idea.
Can you give me a hand with them?
좋은 생각이야.
그것 좀 도와줄 수 있어?

---

bring 가지고 오다 (bring-brought-brought) decoration 장식(품) balloon 풍선 centerpiece (테이블 등의) 중앙부 장식 banner 플래카드, 현수막, 배너 half of ~ ~의 절반 ceiling 천장 give me a hand with A A와 관련해 내게 도움을 주다

초대한 사람이 데려온 손님 맞이하기

미국 파티에서는 'plus one'이라는 개념이 있는데, 이 'plus one'이라는 것은 파티에 초대받은 사람이 데리고 온 또 다른 한 명의 손님을 지칭하는 말입니다. 하지만 이 plus one이란 말은 '(초대한) 손님의 명단(guest list)'이 있는 경우에 더 적절한 말입니다. 즉 손님 명단에 있는 사람이 명단에 없는 사람을 데리고 갔을 경우 'She/He is my plus one.((명단에는 없지만) 얘는 내가 데려온 친구야.)'라는 말로 그 사람을 소개할 수 있는 것이죠. 또한 자신이 데리고 온 또 다른 친구를 다른 이에게 처음 소개할 땐 'His/Her name is ~, He/She is ~.'가 아닌 'This is ~.'라는 표현을 써야 적절하고, 그 이후엔 'He/She ~.'라는 말로 추가적인 설명을 덧붙이면 됩니다(예 This is Anna. She is my plus one.(이쪽은 Anna야. 나랑 같이 온 친구야.)). 그리고 이 같은 새 친구를 환영할 땐 'I'm glad you could make it.(파티에 와 줘서 기뻐.)'라고 하면 됩니다.

- This is   이름 . He/She is my plus one.
  이쪽은 _____야. 나랑 같이 온 친구야.

- He/She's been my best friend since   주어+동사 .
  _____ 때부터 나랑 제일 친한 친구였어.

- I'm glad you could make it.
  와 줘서 참 기뻐(고마워).

- Thank you for inviting both of us.
  우리 둘 다 초대해 줘서 고마워.

- Please help yourself and enjoy the party!
  마음껏(편하게) 먹고 파티에서 재미있게 놀다 가!

Hey guys, this is Anna.
She is my plus one tonight.
얘들아, 이쪽은 Anna야.
오늘밤 나랑 같이 온 친구야.

Hi, Anna! Nice to meet you.
안녕 Anna! 만나서 반가워.

She's been my best friend
since we were kids and
is visiting from New York.
얘는 어릴 때부터
나랑 제일 친한 친구인데,
뉴욕에서 (나 보러) 왔어.

I'm glad you could make it tonight.
오늘밤에 이렇게 와 줘서 참 기뻐.

Thank you for inviting both of us.
우리 둘 다 초대해 줘서 고마워.

Of course! Please help yourself
and enjoy the party!
당연한 건데 뭘! 음식도 마음껏 먹고
파티에서 재미있게 놀다 가!

This is 이름. (어떤 사람을 제3자에게 처음 소개할 때) 이쪽은 ~야. since ~ ~부터. ~
이후 both of ~ ~의 양쪽 모두 Of course! 물론이지! ('Thank you'에 대한 답변을 할
때 '당연히 해야 할 일을 한 거야' → '당연한 걸 별말을 다해'라는 의미로 많이 사용)
Help yourself. (음식을) 마음껏 먹어.

파티를 즐기며 축배 들기

졸업이나 승진, 생일, 결혼 등 좋은 일을 함께 기뻐하며 축하하기 위한 파티
나 신년/연말 파티, 또는 새집으로 이사한 것을 축하하는 House warming
party 등에서 '축배'를 드는 일이 빠질 수 없을 텐데요. 그 중에서도 생일 파
티에서는 생일 축하 노래를 함께 부르고 축배를 들며 축하합니다. '생일 축
하 노래를 부르자'고 제안할 땐 'song(노래)'라는 말을 별도로 붙이지 않고
'Let's sing Happy Birthday!'라고만 해야 자연스러우며, 이후 모두에게 축
배를 권할 땐 'make a toast(축배를 들다)'라는 표현을 써서 'I'd like to
make a toast to ~.(~을 위하여 축배를 들자.)'라고 하면 됩니다. 참고로
나의 생일 파티에서 내가 선물을 하나씩 열어 보게 될 경우 선물한 사람에
게 'Thank you'라고 말하거나 허그(안아주는 것)로 고마운 마음을 표현해
줘야 한다는 걸 잊지 마세요.

- Let's sing Happy Birthday to __이름__ .
  다같이 _____에게(을 위해) 생일 축하 노래 부르자.

- Don't forget to make a wish.
  소원 비는 것 잊지 마.

- I'm so happy you're all here.
  너희 모두와 함께해서 정말 행복해.

- I'd like to make a toast to __명사__ .
  _____을 위해(기원하며) 축배를 들자(건배하자).

- Everybody raise your glass! To __이름__ ! Cheers!
  모두들 잔을 들고! _____을 위하여! 건배!

Hey guys,
let's sing Happy Birthday to Liz.
얘들아,
다같이 Liz를 위해 생일 축하 노래 부르자!

Thank you guys!
정말 고마워 얘들아!

Don't forget to make a wish
when you blow out the candles.
촛불 끌 때 소원 비는 것 잊지 마.

I'm so happy you're all here.
You guys are the best!
너희 모두와 함께해서 정말 행복해.
너흰 정말 최고야!

So are we. I'd like to make a toast to
Liz's health and longevity.
Everybody raise your glass! To Liz! Cheers!
우리도 그래. Liz의 무병장수를 위해 축배를 들자.
모두들 잔을 들고! Liz를 위하여! 건배!

Cheers!
건배!

---

forget to ~ ~하는 것을 잊다 make a wish 소원을 빌다 candle 촛불 So are we.
우리도 그래. I'd like to V. ~하고 싶어. health and longevity 건강과 오래 사는 것
('건강과 오래 사는 것'은 한국어로 '무병장수'라고 해석 가능) raise (무엇을 위로) 들어
올리다 glass 유리잔, 술잔

Review & Practice

① _____

Liz를 위해서 우리가 깜짝 파티를 열어 주는 건 어때?

_____ ②

좋은 생각이야! 분명 마음에 들어 할 걸.

③ _____

Kim, Liz의 생일 파티를 다음 주 금요일에 열려고 해. 너 올 수 있어?

_____ ④

잠깐만(확인해 볼게). 나 갈 수 있어!

⑤ _____

(파티 준비를 논하며) 난 Liz가 가장 좋아하는 음식을 준비할게.

_____ ⑥

그럼 내가 테이블이랑 벽을 장식할게.

⑦ _____

(파티를 준비하며) Kim, 네가 이 장식품들 다 가지고 온 거야?

_____ ⑧

응. 테이블 가운데에 놓을 장식이랑 생일 배너를 가지고 왔어.

⑨ _____

(파티장에서) 얘들아, 이쪽은 Anna야. 오늘밤 나랑 같이 온 친구야.

_____ ⑩

안녕 Anna! 만나서 반가워. 오늘밤에 와 줘서 정말 기뻐.

⑪ _____

얘들아, 다같이 Liz를 위해 생일 축하 노래 부르자!

_____ ⑫

그래! 그리고 Liz의 무병장수를 위해 축배를 들자.

정답

① Why don't we throw a surprise party for Liz?

② That's a good idea! I'm sure she'll be happy about it.

③ Kim, we are having Liz's birthday party next Friday. Can you come?

④ Let me see. I can make it!

⑤ I'll cook her favorite foods.

⑥ Then I'll decorate the tables and the walls.

⑦ Kim, did you bring all those decorations?

⑧ Yes. I brought centerpieces and a birthday banner.

⑨ Hey guys, this is Anna. She is my plus one tonight.

⑩ Hi, Anna! Nice to meet you. I'm glad you could make it tonight.

⑪ Hey guys, let's sing Happy Birthday to Liz.

⑫ Yes! And I'd like to make a toast to Liz's health and longevity.

이웃
사귀기

MISSION 1

친구
사귀기

MISSION 2

파티 열고
즐기기

MISSION 3

일상 대화
나누기

MISSION 4

안부
주고받기

MISSION 5

감사 인사
& 명절 인사
나누기

MISSION 6

기쁜 일
함께하기

MISSION 7

슬픈 일
함께하기

MISSION 8

성격과
체질에 대해
이야기하기

MISSION 9

별로인
사람에 대해
불평하기

MISSION 10

똑
부러지게
거절하기

MISSION 11

연애
하기

MISSION 12

학교
생활하기

MISSION 13

직장
생활하기

MISSION 14

엘리베이터
안에서
대화하기

MISSION 15

일상 대화 나누기

미국에서 대화할 때 통하는 보디랭귀지

의사소통의 절반인 몸짓, 손짓, 표정, 눈빛과 같은 보디랭귀지(body language)는 나라마다, 그리고 문화마다 그 의미가 다를 수 있기 때문에 그 차이점을 잘 이해하고 활용해야 하며, 미국인들에게 보디랭귀지를 사용할 땐 아래와 같은 점에 유의해야 합니다.

▶ 미국인들과 대화할 때 반드시 필요한 아이컨텍(eye contact)!

미국인들은 상대방과 대화할 때 눈을 마주치는 것을 예의로 여깁니다. 따라서 곤란하거나 불편한 상황(예: 꾸중을 듣는 상황 등)에서조차 눈을 똑바로 쳐다 봐야 합니다. 눈길을 피할 경우 상대방의 이야기를 귀담아 듣지 않거나 뭔가를 숨긴다는 인상을 줄 수 있습니다.

▶ 보디랭귀지의 에티켓인 '화자 간의 거리' 유지!

미국인들은 개인 공간으로 여겨지는 영역을 굉장히 중요하게 생각합니다. 따라서 누군가의 앞을 지나갈 때, 혹은 대화 중에 끼어들게 되거나 또는 낯선 이를 부를 때 "Excuse me."라고 하는 이유도 개인 영역을 침범한다고 생각하기 때문에 상대방의 이해를 구하는 것입니다. 또한 미국인들은 대화할 때 상대방의 몸을 터치(touch)하지 않습니다. 따라서 할 말이 있을 때 상대방을 톡톡 치거나 웃음보가 터졌을 때 상대방을 살짝 때리는 행동 등을 하지 않도록 주의해야 합니다. 덧붙여 한국인들은 쑥스럽거나 조신하게 보이고자 할 때 입을 가리고 웃을 때가 많지만 미국인들은 재미있고 기쁠수록 치아를 드러내며 크고 환하게 웃습니다.

▶ 연령에 상관없이 통하는 미국인들의 대표적인 행동 및 제스처!

미국인들은 가벼운 대화에서부터 회사에서 발표(presentation)를 할 때에 이르기까지 연령에 상관없이 편하게 주머니에 손을 넣고 말하거나 인사를 할 때에도 손을 흔들며 인사합니다. 또한 손동작을 이용한 제스처를 통해 감정과 의견을 많이 피력하는데요. 미국인들이 흔히 사용하는 손동작 중 하나가 양손의 검지와 집게손가락으로 '따옴표 모양'을 만들면서 손가락을 까딱까딱하는 움직이는 동작을 만드는 것입니다. 이 '따옴표 제스처(air quote)'는 특정 부분을 강조해서 언급할 때 사용하기도 하지만 강조하면서 비꼬는 의미를 나타낼 때 사용하기도 합니다. 또한 손을 펴서 좌우로 2-3번 흔드는 손동작은 '그저 그렇다, 별로이다'라는 의미를 나타냅니다.

날씨가 좋다고 말 걸며 대화하기

일상 대화에서 빼 놓을 수 없는 소소한 주제 중 하나가 바로 '날씨'일 텐데요. 특히 날씨가 좋아 기분이 좋으면 그 기분을 다른 사람과 함께 나누고 싶게 마련이죠. 이처럼 좋은 날씨를 영어로 묘사할 땐 beautiful(아름다운), lovely(아주 좋은), gorgeous(멋진)과 같은 단어를 써서 묘사하면 되고, 이 때 '부가의문문'을 써서 말하면 상대방과 자연스럽게 대화를 이어 갈 수 있습니다(에 날씨 참 좋네요, 안 그래요? / 그러네요. 정말 좋아요.). 단, 부가의문문을 사용할 땐 앞 문장의 동사가 긍정이면 뒤쪽엔 부정형 동사가, 앞 문장의 동사가 부정이면 뒤쪽엔 긍정형 동사가 온다는 것에 주의해야 합니다(에 It's a lovely day, isn't it?(날씨 너무 좋아요, 안 그래요?)). 그리고 'It is a perfect day for ~.(~하기 딱인 날이에요.)'와 같은 표현으로 이런 날엔 뭘 하면 좋을지도 얘기하면 좋겠죠?

- It's a really beautiful day, isn't it?
  날씨가 정말 좋아요, 안 그래요? (= 날씨가 정말 좋지 않나요?)

- There isn't even one cloud in the sky.
  하늘에 구름 한 점 없어요.

- The air is so clean and it makes me/us feel good.
  공기가 너무 깨끗해서 기분이 좋네요.

- It's too nice outside to work.
  일만 하기엔 바깥 날씨가 너무 좋네요.

- It is a perfect day for 명사 .
  _____하기 딱인 날이에요. (= 오늘 같은 날은 _____가 딱이에요.)

It's a really beautiful day, isn't it?
There isn't even one cloud in the sky.
날씨 정말 좋지 않나요?
하늘에 구름 한 점 없어요.

Right, the sky is so blue, it is warm
and we have a breeze. It's so good!
그러네요, 하늘도 파랗고 날씨도 따뜻하고
바람도 솔솔 부네요. 정말 좋은 걸요!

I love this weather too.
저도 이런 날씨 정말 좋아해요.

Thanks to the rain last night,
the air is so clean and it makes us feel good.
어젯밤 비가 온 덕분에
공기가 너무 깨끗해서 기분이 좋네요.

Yes, right.
It's too nice outside to work.
정말 그래요.
일만 하기엔 바깥 날씨가 너무 좋아요.

Exactly.
It is a perfect day for a picnic!
맞아요. 오늘 같은 날은 소풍 가기에 딱이죠!

---

even (예상 밖이나 놀라운 일을 나타내어) 심지어 ~조차도 breeze 산들바람, 미풍
thank to ~ ~ 덕분에(때문에) make A feel 형용사 A가 ~하게(~한 기분이 들게) 만
들다 Exactly. (정확히, 딱) 맞아요. (상대방의 말에 호응할 때 쓰임)

날씨가 나쁘다고 걱정하며 대화하기

날씨가 좋을 때뿐만 아니라 '날씨가 나쁠 때'에도 이에 대한 대화를 곧잘 나누게 되죠. 예를 들어 '미세먼지'가 심한 날 공기가 너무 나빠 걱정이라는 식으로 대화를 나눌 수도 있을 텐데요. 그런데 미세먼지에 대해 미국인들과 대화를 나눌 땐 주의할 점이 있습니다. '미세먼지'는 영어로 직역하면 'fine/micro dust'가 되는데 실제 미세먼지 현상을 겪어 보지 못한 미국인들에게 'We have a lot of fine/micro dust.(오늘 미세먼지가 많아.)'라고 말하면 전혀 이해하지 못할 것입니다. 대신, 미세먼지 현상은 공장의 매연이나 배기가스로 오염된 공기로 인해 유발된 것이기 때문에 'It's smoggy today.(오늘은 스모그가 심해.), The air quality is so poor.(공기 질이 너무 나빠.), The air is polluted.(공기가 오염됐어.)'와 같이 말하면 잘 통할 수 있습니다.

- It's smoggy today.
  오늘 스모그가(미세먼지가) 심하네.

- The air quality is so poor.
  공기 질이 너무 나빠.

- It should be everybody's daily routine to 동사 .
  _____하는 게 일상이 되어 버렸어.

- It's so terrible to imagine 동사-ing .
  _____한다는 걸 상상하면 너무 끔찍해.

- I wish we could go back to the time when 주어+동사 .
  _____인 때로 돌아갈 수 있다면 좋겠어.

It's smoggy today.
오늘 미세먼지가 심하네.

It is! The air quality is so poor.
내 말이! 공기 질이 너무 나빠.

Now it should be everybody's daily routine to check the air quality index before going outside.
이젠 밖에 나가기 전에 대기 상태부터 확인하는 게 일상이 되어 버렸어.

Right, it's so terrible to imagine breathing in all this pollution.
맞아. 이런 오염된 공기를 마신다는 걸 상상하면 너무 끔찍해.

I wish we could go back to the time when we had the clean air. I miss it so badly.
공기가 깨끗했던 때로 돌아갈 수 있다면 좋겠어. 그때가 너무 그립다.

So do I. We shouldn't take the things we get from nature for granted.
나도 그래. 우리가 자연에서 받은 걸 당연시 여기면 안 된다니까.

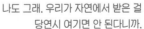

daily routine 일과, 날마다 하는 일 air quality index 대기 오염도 측정치, 대기질 지수 go outside 밖으로 나가다 breathe in 숨을 들이쉬다 pollution 오염 badly 몹시, 지독하게 take ~ for granted ~을 당연시 여기다

아름다운 봄철을 주제로 대화하기

봄이 되면 화창한 날씨와 꽃에 대한 기분 좋은 대화를 나눌 수 있을 텐데요. 미국에서는 3월이 되면 파릇한 새싹을 연상시키는 초록색 옷을 입고 집을 초록색으로 장식하는 St. Patrick's Day가 있고 4월엔 봄 꽃과 토끼로 장식하는 Easter day(부활절)이 있어 이때 미국인들은 봄이 왔다는 기분을 만끽하며 이에 대한 '스몰톡(small talk)'을 많이 나눕니다. 참고로 미국에서는 한국과 달리 봄철 꽃과 관련된 큰 행사나 축제가 거의 없기 때문에 한국의 봄 풍경과 벚꽃 축제(Cherry blossom festival)에 대해 이야기하면 대화를 흥미롭게 이어 갈 수 있습니다. 그리고 상대방이 어떤 것이 예쁘거나 멋지다고 말했을 땐 그 사람이 말한 문장(**예** They are so beautiful!)에서 주어와 동사만(**예** They are!) 언급하면 '진짜 그래요!'와 같이 맞장구를 치는 의미가 되어 대화가 더욱 즐거워집니다.

- Have you seen __명사__ on the street?
  거리에 있는 _____ 보셨어요?

- The color and the smell are so __형용사__ .
  색깔과 향기가 정말 _____해요.

- The petals falling from the trees remind me of __명사__ .
  나무에서 떨어지는 꽃잎이 _____을 연상시켜요.

- It's awesome!
  정말 멋져요(장관이죠)!

- There will be a/an __축제 종류__ festival in __장소__ .
  _____에서 _____라는 축제가 있을 거예요.

Have you seen the cherry blossom trees on the street?
거리에 벚꽃나무 보셨어요?

Yes, they are so beautiful.
네, 정말 예쁘더라고요.

They are! The color and the smell are so romantic.
진짜 그래요! 색깔이랑 향기가 정말
낭만적이더라고요.

To me, the petals falling from the trees remind me of snowflakes in spring. It's awesome!
저한텐 나무에서 떨어지는 꽃잎이
봄에 내리는 눈꽃을 연상시켜요.
정말 장관이죠!

Speaking of flowers, there will be a flower festival in Lake Park and a little concert.
꽃 이야기가 나온 김에 하는 말인데, 호수 공원에서
꽃 축제와 작은 음악회가 있을 거예요.

Really? I'll go with my family.
정말요? 가족들이랑 가야겠네요.

---

cherry blossom 벚꽃나무 romantic 낭만적인, 연애(애정)의 petal 꽃잎 snowflake
눈송이, 눈꽃 remind A of B A에게 B를 생각나게 하다(연상시키다) speaking of ~
~에 관해 말한다면, ~의 이야기가(말이) 나온 김에 festival 축제

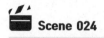

비가 잦은 장마철을 주제로 대화하기

미국의 일부 주에서는 장기간 폭우가 이어져 날이 흐릴 때가 있기 때문에 '장마철'에 대한 스몰톡 역시 많이 나누는데요. 장마철에 대해 얘기할 땐 비 내리는 날을 좋아하는지 서로 묻고 답하며 대화를 이어 나가면 좋을 것입니다. 가령 'It makes me feel ~.((비 내리는 날은) ~한 기분이 들게 해.)'라는 구문에 'damp(축축한), tired(피곤한)'과 같은 표현을 넣어 말해 보거나, 'I think rain is ~.(난 비가 오면 ~한 것 같아.)'라는 구문에 '~ing'로 끝나는 'refreshing(상쾌한)'과 같은 형용사를 넣어 말해 볼 수도 있습니다. 참고로 비가 '일주일 내내 줄기차게 내린다. 하루가 멀다 하고 온다'라고 말하고 싶을 땐 'It's been raining for ~.(~ 동안 비가 오고 있어.)'라는 구문에 'a whole week(일주일 내내), every other day(하루 걸러)'라는 표현을 넣어 말하면 됩니다.

- According to the weather forecast, 주어+동사 .
  일기 예보에서 _____래요.

- The rainy season is starting 때/시기 .
  장마가 _____(인 때/시기)에 시작해요.

- It makes me feel damp and tired.
  이런 날씨는 절 축축하고 피곤한 느낌이 들게 해요.

- I think rain is refreshing.
  저는 비가 오면 상쾌한 것 같아요.

- Isn't it way better than the scorching hot summer?
  너무 뜨겁고 더운 여름보다는 이런 날씨가 훨씬 낫지 않나요?

According to the weather forecast, the rainy season is starting early this year.
일기 예보에서 올해는 장마가 일찍 시작할 거예요.

Right, I heard it on the radio this morning.
맞아요, 오늘 아침에 라디오에서 들었어요.

I hate the rainy season. It makes me feel damp and tired.
전 장마철이 싫어요. 이런 날씨는 절 축축하고 피곤한 느낌이 들게 하거든요.

Why? I think rain is refreshing.
왜요? 저는 비가 오면 상쾌한 것 같은데.

Only when it's for a couple of days not for a whole week or every other day for a whole month.
며칠 정도만 올 땐 괜찮죠, 하지만 일주일 내내 한 달 내내 하루 걸러 한 번씩 오는 건 싫어요.

You are right! But isn't it way better than the scorching hot summer?
맞아요! 그래도 너무 뜨겁고 더운 여름보다는 이런 날씨가 훨씬 낫지 않나요?

---

according to ~ ~에 따르면, ~에서 (말하길) weather forecast 일기 예보 rainy season 장마철, 우기 be way better than ~ (상태가) ~보다 훨씬 낫다 scorching (모든 걸 태워 버릴 듯이) 더운, 뜨거운

푹푹 찌는 무더위를 주제로 대화하기

미국의 일부 주(예 뉴욕, 텍사스)에서는 여름에 에어컨을 계속 켜 두지 않으면 안 될 정도로 날씨가 덥고 습하기 때문에 '무더위'에 대한 스몰톡 역시 많이 나눕니다. 무더운 날씨를 주제로 대화할 땐 'hold up(견디다, 버티다)'란 표현을 써서 'How are you holding up in this hot weather?(이 더운 날씨에 어떻게 지내고 있어?)'라고 안부를 물어볼 수 있고, 이에 '열대야로 잠못 이루고 있어'라고 답하고 싶을 땐 'barely(거의 ~하지 못한다)'란 표현을 써서 'I barely slept last night.(어젯밤에 거의 잠을 못 잤어.)'와 같이 답할 수 있습니다. 또한 더위가 빨리 가셨으면 좋겠다고 말하고 싶을 땐 'Can't wait to V.((어서 빨리) ~하고 싶어.)'라는 구문을 써서 '어서 빨리 시원하고 산뜻한 날씨를 느끼고 싶어'라고 말해 볼 수도 있습니다.

- How are you holding up in this hot weather?
  이 더운 날씨에 어떻게 지내?

- I barely slept last night because of the heat.
  열기 때문에(더워서) 어젯밤에 거의 잠을 못 잤어.

- I had to keep turning on and off A/C all night.
  난 밤새 에어컨을 껐다 켰다 해야 했어.

- I wish fall would hurry up and come.
  가을이 좀 빨리 왔으면 좋겠다.

- Can't wait to feel the cool and crisp breeze.
  시원하고 상쾌한 산들바람 좀 얼른 느끼고 싶어.

How are you holding up in this hot weather?
이 더운 날씨에 어떻게 지내?

Actually, I barely slept last night because of the heat.
사실, 열기 때문에(더워서) 어젯밤에 거의 잠을 못 잤어.

Neither did I. I had to keep turning on and off A/C all night.
나도. 난 밤새 에어컨을 껐다 켰다 해야 했다니까.

I know, even though I am not a big fan of A/C, I had to turn it on to get rid of the moisture in the air.
뭔지 알아, 난 에어컨 (바람) 별로 안 좋아하는데도 공기 중 습기를 없애려고 켤 수밖에 없었어.

I wish fall would hurry up and come.
가을이 좀 빨리 왔으면 좋겠다.

Me too. Can't wait to feel the cool and crisp breeze.
나도. 시원하고 상쾌한 산들바람 좀 얼른 느끼고 싶어.

---

heat 열, 열기 Neither did I. 나도 (그랬어). (앞서 말한 사람의 문장이 과거 부정문일 경우 이에 동의하는 말) keep V-ing ~하는 것을 계속하다 turn on/off 켜다/끄다 get rid of ~ ~을 제거하다 moisture 습기, 수분 crisp (날씨 등이) 상쾌한

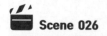

기분 좋은 가을철을 주제로 대화하기

무더운 여름이 지나 드디어 선선한 '가을철'이 찾아오면 이에 대한 스몰톡역시 지인들과 나눌 수 있을 텐데요. 가을에는 미국 전역에 걸쳐 기온이 떨어지기 시작하고 특히 북부 지역은 가을에 단풍(leaves changing color)이들어 많은 사람들이 방문합니다. 하지만 미국은 땅덩이가 넓기 때문에 날씨가 지역별로 상이해 특정한 계절별 놀이나 행사가 많이 발달하진 않았습니다. 따라서 미국인들에게 한국의 계절별 행사 및 놀이를 소개해 준다면 상당히 흥미로워할 것입니다. 이때 한국의 '뚜렷한 4계절(four distinct seasons)'과 그에 대한 특장점(the cool(coolest) thing(좋은(가장 좋은) 점)'까지 함께 이야기한다면 더욱 좋겠죠? 덧붙여 가장 좋아하는 계절이 무엇인지 서로 묻고 답하면서 자연스럽게 대화를 시작하는 것도 팁입니다.

- __계절__ is my favorite season. What's yours?
  난 _____이 제일 좋은데. 너는 어때?

- I like the time when summer change into fall.
  난 여름에서 가을로 넘어갈 때가 좋아.

- I love __계절__ because I feel that __주어+동사__ .
  _____라고 느껴져서 그런지 난 _____이 정말 좋아.

- The leaves changing color in fall are __형용사__ .
  가을철 단풍은 _____해.

- The cool(coolest) thing is that __주어+동사__ .
  좋은(가장 좋은) 점은 _____라는 거야.

Fall is my favorite season. What's yours?
난 가을이 제일 좋은데. 너는 어때?

**Mine too. And I especially like the time
when summer changes into fall.**
나도 가을이 제일 좋아. 난 특히 여름에서
가을로 넘어갈 때가 좋더라고.

**I love it too because I feel that the long
and muggy summer is finally over.**
나도 그때가 정말 좋아. 길고 후덥지근한 여름이
드디어 끝났다고 느껴져서 그런가 봐.

**And the leaves changing colors in fall are
as beautiful as cherry blossoms in spring.**
그리고 가을철 단풍은 봄철 벚꽃만큼이나 예쁘지.

**I think having four distinct seasons is really great.
People can enjoy different sceneries.**
내 생각에 4계절이 뚜렷하다는 건 정말 좋은 것 같아.
사람들이 각기 다른 경치를 즐길 수 있잖아.

**And the coolest thing is that
we can enjoy so many different activities.**
그리고 가장 좋은 점은 정말 여러 가지
다양한 활동들을 즐길 수 있다는 거야.

---

muggy 후덥지근한 be finally over 마침내 끝나다 as 형용사 as A A만큼 ~한
cherry blossom 벚꽃 scenery 경치, 풍경 the cool(coolest) thing 좋은(가장 좋
은) 점 distinct 뚜렷한, 분명한 enjoy 즐기다 activity 활동

일교차 심한 날씨를 주제로 대화하기

미국에서는 모든 주들이 한국처럼 4계절의 변화가 다 뚜렷하지는 않기 때문에 한 계절에서 다른 계절로 바뀌는 '환절기(change in seasons)'에 대한 개념이 거의 없을 수 있습니다. 하지만 LA와 같은 경우 5~8월 여름철이 되면 아침과 저녁엔 쌀쌀하고 낮엔 너무 더워 일교차가 크기 때문에 '감기 발병'에 관한 대화를 많이 하곤 합니다. 이때 'chilly(쌀쌀한), really hot(너무 더운), go back and forth (between hot and cold)(날씨가 (추웠다가 더웠다가) 오락가락한다)'와 같은 표현으로 일교차를 설명할 수 있습니다. 그리고 이렇게 일교차가 심한 날씨를 설명한 것에 이어 '감기에 걸리지 않게 조심하라'는 말을 덧붙이곤 하는데 이를 영어로 말할 땐 'be careful(조심하다)'라는 표현에 'not to catch a cold(감기에 걸리지 않도록)'을 붙여서 말하면 됩니다.

- It's 형용사1 now but it was 형용사2 in the morning.
  지금은 날씨가 형용사1 한데 아침엔 형용사2 했어요.

- The weather goes back and forth.
  날씨가 오락가락해요.

- That's why people are catching more colds.
  그래서 사람들이 감기에 더 많이 걸리는 거예요.

- Apparently!
  맞아요! (상대의 말이 거의 사실이라 생각하여 맞장구 칠 때)

- Be careful not to catch a cold.
  감기 걸리지 않게 조심하세요.

It's really hot now but it was so chilly in the morning.
지금은 너무 더운데 아침엔 정말 추웠어요.

Exactly! The weather goes back and forth between hot and cold.
맞아요! 날씨가 추웠다가 더웠다가 오락가락하네요.

That's why people are catching more colds.
그래서 사람들이 감기에 더 많이 걸리는 거예요.

Apparently! Every day we have at least a couple of kids absent because of colds.
맞아요! 매일 적어도 두세 명씩 감기 때문에 결석하는 애들이 있더라고요.

Be careful not to catch a cold with the change in seasons.
이런 환절기에 감기에 걸리지 않게 조심하세요.

Thanks! You too!
고마워요! 당신도요!

---

chilly 쌀쌀한, 추운 go back and forth 왔다갔다하다, 오락가락하다 between A and B A와 B 사이 ('between hot and cold'는 문맥상 '추웠다가 더웠다가'로 해석 가능) catch a cold 감기에 걸리다

겨울철 한파를 주제로 대화하기

미국에서는 겨울이 되면 눈 앞을 가릴 정도로 매섭게 몰아치는 '눈보라 (blizzard)'를 종종 볼 수 있는데, 미국인들은 이런 좋지 않은 기상 현상이 있을수록 일기 예보를 유심히 듣습니다. 따라서 이 같은 날씨에 대한 스몰 톡을 할 경우 'Have you heard the news that ∼?(∼라는 뉴스 들었어?)' 라는 말을 곧잘 하는 편이며, 어떠한 날씨가 좋다/싫다고 영어로 말할 땐 'I (don't) like ∼.'이라는 표현 외에도 'I'm (not) a big fan of ∼.(난 ∼을 정말 (안) 좋아해.)'라는 표현도 쓸 수 있으니 알아 두시면 좋습니다. 참고로 모든 것이 꽁꽁 얼어 버릴 정도로 추운 한국의 겨울 한파는 미국에서 캐나다 국 경 가까이 있는 주들인 동북부 미시간과 뉴욕 주, 그리고 중북부의 노스타 코다와 미네소타 및 북서부 지역의 몬태나 주의 겨울 날씨에 비교될 수 있 습니다.

- Have you heard the news that ___주어+동사___ ?
  뉴스에서 _____라고 하는 거 들었어?

- Tomorrow will be the coldest day of this winter.
  내일이 올 겨울 가장 추운 날이 될 거야.

- Everything is just freezing outside.
  밖에 나가면 그냥 다 얼어붙고 있어.

- I'm not a big fan of cold weather.
  난 추운 날씨 진짜 안 좋아해.

- I wish the winter would end soon.
  겨울이 빨리 좀 끝났으면 좋겠어.

Have you heard the news that tomorrow will be the coldest day of this winter?
뉴스에서 내일이 올 겨울 가장 추운 날이
될 거라고 하는데 들었어?

It will? Oh, no.
I'm not a big fan of cold weather!
그렇대? 으, 안 돼.
난 추운 날씨 진짜 안 좋아하는데!

Everything is just freezing outside.
밖에 나가면 그냥 다 얼어붙고 있어.

Can't even imagine we are going to
have a colder day tomorrow.
내일은 더 추울 거라니 상상이 안 된다.

Bundle up! That's the best way to
protect yourself from the cold.
따뜻하게 입고 다녀! 그게 추위에서
스스로를 보호하는 제일 좋은 방법이야.

And hot packs.
I wish the winter would end soon.
그리고 손난로도 (챙겨야지).
겨울이 빨리 좀 끝났으면 좋겠어.

---

a big fan of ~ ~의 광팬, ~을 정말 좋아하는 cold weather 추운 날씨 freeze 얼
다, 얼리다 imagine 상상하다 bundle up (겹겹이) 싸다, 껴입다 (위에서는 문맥상 '두
텁게 입고 다니다, 따뜻하게 입고 다니다'라는 의미) hot pack 핫팩, 손난로

관심 있는 물건들에 대해 이야기하기

미국에서는 친구나 지인, 심지어 카페에서 줄을 서 있다가 만난 낯선 사람까지 그 사람이 내가 평소에 관심 있어 하던 물건이나 멋져 보이는 물건을 갖고 있을 경우 그 물건에 대해 묻고 답하며 대화하길 좋아합니다. 이렇듯 상대방이 갖고 있는 물건에 관심이 있어 이에 대해 물어보고 싶을 땐 'I love your ~.(당신 ~가 정말 마음에 들어요. = 당신 ~가 정말 멋지네요.)' 와 같은 말로 말문을 연 뒤 'It looks ~.(그거 ~해 보이네요.), Where did you get it?(그거 어디서 샀어요?)'와 같은 말로 물건에 대한 관심을 내비치며 대화를 이어 갈 수 있고, 반대로 누군가 위와 같은 말들을 건넸을 땐 'I got it from ~.(저 이거 ~에서 샀어요.), A is offering a promotions code. (A에서 할인 코드를 나눠 주고 있어요.)'와 같은 말로 물건에 대한 정보를 알려 주면 됩니다.

- I love your 명사 . Where did you get it?
  네 _____ 멋지다. 어디서 샀어?

- I got it from 구매한 곳 .
  나 이거 _____에서 샀어.

- It looks unique and fancy.
  그거 독특하고 고급스러워 보여.

- 가게/상점 is offering a promotion code.
  _____에서 할인 코드를 나눠 주고 있어.

- You can save up to 숫자 %.
  _____%까지 할인 받을 수 있어.

I love your cell phone case.
Where did you get it?
휴대폰 케이스 멋지다. 어디서 샀어?

I got it from Amazon.
Do you really like it?
나 이거 Amazon에서 샀어.
너 이거 정말 마음에 들어?

 Yeah, I do. It looks unique and fancy.
응. 독특하고 고급스러워 보여.

Actually, I have two of these.
I can give you the other one if you want.
사실, 나 이거 두 개나 있거든.
네가 원하면 내가 다른 거 하나 줄게.

 Thanks but it's ok.
I've been looking online for one.
고맙지만 괜찮아. 나도 하나 사려고
온라인에서 찾아 보고 있거든.

Amazon is offering a promotion code
right now and you can save up to 20%.
지금 Amazon에서 할인 코드를 나눠 주고 있어서
20%까지 할인 받을 수 있어.

---

unique 유일무이한, 특이한, 독특한 fancy 화려한, 근사한, 고급의 look (online) for ~
(온라인/인터넷으로) ~을 찾아 보다 promotion code 판촉 (할인) 코드 (판매 촉진을
위해 나눠 주는 코드로 가격 할인을 받을 수 있음)

볼 만한 영화에 대해 이야기하기

영화에 대한 이야기를 자연스럽게 꺼내고 싶을 땐 'Anything you want to recommend?(뭐 추천해 줄 만한 것 없어?)'라는 말로 영화를 추천해 달라는 질문을 던지면 좋습니다. 그리고 반대로 영화를 추천해 줄 땐 'I could tell you but don't want to spoil it.(얘기를 해 줄 수는 있는데 스포일러가 되고 싶진 않아.)'라고 하면서 'You will know what I'm talking about.((영화를 보면) 내가 무슨 말 하는지 알게 될 거야.)'와 같이 자세한 줄거리는 자제하며 영화를 추천하는 센스를 발휘하면 좋습니다. 참고로 미국인들은 시대와 연령을 막론하고 유난히 슈퍼히어로 영화(super hero movies)를 좋아하는 경향이 있고 이와 관련된 캐릭터 시장도 꽤 크기 때문에 슈퍼히어로 영화에 대해 잘 알고 있다면 미국인 친구와 더 많은 공감대를 형성하며 대화를 나눌 수 있습니다.

- **Anything you want to recommend?**
  뭐 추천해 줄 만한 것(영화) 없어?

- **Haven't you seen 특정 영화 yet?**
  너 _____(라는 영화) 아직 안 봤어?

- **What kind of movie is it?**
  그게 어떤 영화인데?

- **I'm tired of 특정 장르 .**
  나 _____(라는 장르)는 질렸어.

- **You will know what I'm talking about.**
  내가 무슨 말 하는지 알게 될 거야.

Talk 영화를 추천해 달라고 부탁 ▶ 특정 영화 소개 ▶ 영화 추천

I haven't seen any movies lately.
Anything you want to recommend?
최근에 (재미있게) 본 영화가 하나도 없네.
뭐 추천해 줄 만한 것 없어?

Haven't you seen MX Man yet?
너 MX Man 아직 안 봤어?

No, what kind of movie is it?
안 봤어, 그게 어떤 영화인데?

It's a super hero movie.
슈퍼히어로 영화야.

Well, I'm tired of super heroes
since all the story lines and
special effect are similar.
흠, 난 슈퍼히어로 영화는
다들 줄거리도 비슷하고
특수 효과도 거기서 거기라 질렸어.

No, No! It's different!
Just watch it then you will know
what I'm talking about.
아냐, 아냐! 이 영화는 달라! 일단 보면
내가 무슨 말 하는지 알게 될 거야.

---

lately 최근에 recommend 추천하다 super hero 슈퍼히어로, 초영웅 be tired of ~
~가 싫증이 나다(질리다, 지치다) since ~ ~이므로, ~이기 때문에 story line (소설,
영화 등의) 줄거리, 구상 special effect 특수 효과 similar 비슷한, 유사한

가 볼 만한 맛집에 대해 이야기하기

미국인들은 직장 내 회식 문화가 없고 점심도 각자 따로 사서 먹는 일이 많기 때문에 단체 식사도 거의 즐기지 않고 맛집을 굳이 찾아 다니지도 않는 편입니다. 하지만 개인적으로 더 친분이 있는 사이라면 특정 식당의 맛있는 메뉴를 먹어 본 적이 있는지 물어보거나 이제까지 가 본 곳 중 가장 맛있는 식당을 소개하며 추천해 줄 수는 있습니다. 이처럼 특정 식당에서 음식을 먹어 봤는지 물어볼 땐 'Have you ever tried 음식 at 장소?(너 ～에서 ～ 먹어 봤어?)'라고 하면 되며, 좋은 음식점을 추천해 주고 싶을 땐 'It's the best ～ place I've ever been to.(내가 이제까지 가 본 ～ 식당 중 최고야.)'라고 말하면 됩니다. 단 '식당'을 뜻하는 'restaurant'는 간판이나 광고에 많이 쓰여 있기 때문에 일상 속 대화에서는 'place'라고 말하니 참고해 두세요.

- Have you ever tried __음식__ at __식당__ ?
  너 _____에서 _____먹어 봤어?

- They had a grand opening __시간__ ago.
  거기 _____ 전에 새로 오픈했어.

- It's the best __음식 종류__ place I've ever been to.
  내가 이제까지 가 본 _____ 식당 중 최고야.

- Sound like you are (pretty) into it.
  너 거기에/그 식당에 (홀딱) 반한 것 같은데.

- Why don't we have __음식__ there today?
  우리 오늘 거기서 _____ 먹는 건 어때?

Have you ever tried the tacos at Queen Taco?
너 Queen Taco에서 타코 먹어 봤어?

I've never heard of it.
Is that a brand new place?
나 거기 들어 본 적 없는데.
새로 생긴 곳이야?

Yeah, they had a grand opening a week ago. It's the best Mexican place I've ever been to.
응, 1주일 전에 새로 오픈했어.
내가 이제까지 가 본 멕시코 (음식) 식당 중 최고야.

Really?
Sounds like you are pretty into it.
진짜? 너 그 식당에 홀딱 반한 것 같은데.

I am. Why don't we have tacos there for lunch today? You'll love it!
응. 오늘 점심으로 거기서 타코 먹는 건 어때?
너도 정말 좋아할 거야!

Why not?
그래, 좋아!

---

hear of ~ ~에 대해 듣다 (hear-heard-heard) **brand new** 완전 새것인 **grand opening** 개장, 개점 **pretty** 어느 정도, 꽤, 많이 **be into ~** ~에 반하다(빠지다) **for lunch** 점심으로 **Why not?** (동의를 나타내어) 왜 아니겠어? = 좋지.

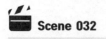

흐르는 세월에 대해 이야기하기

국적을 불문하고 사람들은 '흘러가는 시간'을 주제로 대화를 곧잘 나눕니다. 가령 '시간 참 빠르다. 벌써 ~시/요일/월/년이야.'와 같이 말이죠. 미국인들 역시 '흐르는 시간(세월)'을 주제로 한 스몰톡을 곧잘 나눕니다. 예를 들어 'It's already ~.(벌써 ~시/요일/월/년이야.), It's unbelievable that it's already ~.(벌써 ~시/요일/월/년이라니 믿을 수 없어.)'와 같은 말로 상대방에게 운을 띄우고, 이에 대해 상대방은 공감을 표하며 대화를 이어 나가곤 합니다. 한국에서는 시간이 빨리 가는 것을 '쏜살같이 간다, 눈 깜짝할 사이에 간다'라고 표현하는데 미국인들도 한 해를 마무리하는 연말(end of the year)이 되면 'Time goes by super quickly.(시간이 진짜 너무 빨리 가.)' 또는 'Time seems to go by faster and faster.(시간이 점점 더 빨리 가는 것 같아.)'라고 말합니다.

- It's already 때/시기 !
  벌써 _____(인 때/시기)야!

- 때/시기 is coming soon.
  _____(인 때/시기)가 금방 올 거야.

- It's unbelievable that it's already 때/시기 !
  벌써 _____(인 때/시기)라는 게 믿을 수 없어!

- Time goes by (super) quickly.
  시간이 (진짜) 빨리 가.

- It seems like it was just 때1 but it's almost 때2 .
  때1 이 얼마 전이었던 것 같은데 벌써 때2 야.

It's already Wednesday!
벌써 수요일이야!

Right! It's the middle of the week already!
Saturday is coming soon.
맞아! 벌써 한 주의 반이야!
금방 토요일이 오겠지.

And it's unbelievable that
it's already December!
그리고 벌써 12월이라는 것도
믿을 수가 없어.

Exactly! Time goes by super quickly.
내 말이! 시간이 진짜 너무 빨리 가.

It seems like it was just New Year's day
but it's almost the end of the year.
새해가 바로 얼마 전이었던 것 같은데
이제 거의 연말이네.

I know! Time seems to go by
faster and faster.
그러니깐! 시간이 점점 더
빨리 가는 것 같아.

---

be in the middle of ~ ~의 한가운데에 있다 exactly / absolutely 정확히, 딱 (위에서는 문맥상 상대방의 말에 공감하며 '내 말이!'라고 답한 것으로 해석 가능) go by 지나가다 super quickly 정말(대단히) 빠르게 I know. 그래, 맞아. (상대방에 대한 '동의, 공감'을 나타내는 말) faster and faster 점점 더 빠르게

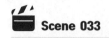

일상 속 사건 사고에 대해 이야기하기

항상 좋은 일만 있을 순 없는 우리네 삶, 당연히 안 좋은 '사건 사고'도 생기기 마련이죠. 이럴 때 사람들은 국적을 불문하고 사고를 당한 지인/친구에게 괜찮은지 안부를 묻고 위로의 말을 건넵니다. 이처럼 안부를 물으면서 '힘든 일을 겪었으니 이젠 좋은 일만 생길 거다'라는 위로의 말을 건네고 싶을 땐 '오르내림(ups and downs)'이라는 표현을 써서 'Life has ups and downs.(인생엔 오르내림(우여곡절)이 있는 법이지.)'라고 운을 띄운 뒤 '오르막에 오르다(on one's way up)'라는 표현을 써서 'Now you're on your way up.(이젠 오르막에 오를 일만 남았어. = 이젠 다 잘될 거야.)'라고 다독여 주면 좋습니다. 덧붙여 어떤 일을 겪은 후 깨달음을 얻었을 때 'wake-up call'이란 표현을 쓰는데, 'wake-up call'은 '정신을 차리게 하는 경종'을 뜻한다고 보시면 됩니다.

- **What have you been up to since 명사 ?**
  _____ 이후로 어떻게 지냈어?

- **Life has ups and downs.**
  인생엔 우여곡절이 있는 법이지.

- **I regretted that I complained about 명사 .**
  나 _____에 대해 불평을 늘어놨던 거 후회했어.

- **It seems like 명사 gave you a new zest for life.**
  _____이 너한테 삶에 대한 새 열정을 불어넣어 준 것 같네.

- **Everything happens for a reason.**
  모든 일이 일어나는 데엔 다 이유가 있는 거야.

What have you been up to since your car accident?
차 사고 난 후 어떻게 지냈어?

I'm so happy to be getting back to normal life.
정상적인 생활로 돌아와서 그저 기쁠 뿐이야.

Good! Life has ups and downs and now you're on your way up!
잘됐어! 인생엔 우여곡절이 있는 법이잖아,
이젠 다 잘될 거야!

Thanks. I regretted that I complained about my life, saying nothing made me excited.
고마워. 뭘 해도 재미 없다고 말하면서 내 삶에 대해
불평만 늘어놨던 거, 나 후회했어.

It seems like the accident gave you a new zest for life and made you appreciate the small things.
어떻게 보면 그 사고가 너한테 삶에 대한 새 열정도
불어넣고 작은 것에도 감사하게 만든 것 같네.

Yes, now I realize that everything happens for a reason and I feel like it was a wake-up call.
응, 이젠 모든 일이 일어나는 데엔 다 이유가 있다는 걸
깨달았고, 이 일이 날 정신차리게 만든 것 같아.

---

get back to ~ ~로 돌아오다 normal life 정상적인 생활(삶) zest for ~ ~에 대한
열정(열의) appreciate 감사히 여기다 wake-up call 주의를 촉구/환기시키는 일 (위
에서는 문맥상 '정신을 차리게 만든 일'이라고 해석 가능)

사회 이슈에 대해 이야기하기

화제가 되는 뉴스나 이슈가 있을 경우 사람들이 이에 대한 대화를 많이 하게 되기 때문에 이에 대해 알아 보고 관련된 단어와 표현을 숙지해 두면 사람들과 원활하게 소통할 수 있습니다. 화제가 되고 있는 사회적 이슈를 주제로 대화하고자 할 땐 'Have you heard about ~?(~에 대해 들어 봤어?)'라고 질문을 던지며 대화를 시작하면 좋고, 만약 상대방이 이에 대한 내용을 잘 모른다면 'Do you know why ~?((그게) 왜 ~하게 됐는지 알아?), I heard/saw that ~.(나 ~라고 들었어/봤어.)'라고 말하며 자연스럽게 이슈를 알려 주고 대화를 이어 나가면 좋습니다. 이처럼 최신 기사에 꾸준히 관심을 갖고 기회가 될 때마다 미국인 친구들과 이에 대한 스몰톡을 나눈다면 '많은 걸 알고 있어 재미있게 대화를 나눌 수 있는 사교적인 친구'라는 인상을 줄 수 있습니다.

- Have you heard about 명사 ?
  너 _____에 대해 들어 봤어?

- Yes, I heard about 명사 .
  응, 나 _____에 대해 들어 봤어.

- Do you know why 주어+동사 ?
  왜 _____인지 알아?

- Everyone knows how 형용사+주어+동사 .
  모든 사람들이 얼마나 _____인지 알 거야.

- Seems like 주어+동사 .
  _____인 것처럼 보여. (= _____인 것 같아.)

Have you heard about the new law about driving on autopilot?
너 자동 운전 시스템으로 운전하는 것과 관련된 새로운 법안에 대해 들어 봤어?

Yes, I heard about it.
응, 들어 봤어.

Do you know why they passed the law?
왜 사람들이 그 법을 통과시켰는지 알아?

A picture was posted of a driver sleeping in his Tsla on the freeway.
고속도로에서 Tsla를 타고 자고 있던 운전자 사진이 올라왔었잖아. (그게 이유지.)

Everyone knows how dangerous that is.
모든 사람들이 그게 얼마나 위험한지 알 거야.

Seems like technology makes our lives easier but riskier at the same time.
기술이라는 게 우리 삶을 더 편하게 만들면서도 더 위험하게도 만드는 것 같아.

---

law about ~ ~에 관한 법 drive on autopilot 자동 운전 시스템으로 운전하다 pass
the law 법을 통과시키다 be posted 게시되다 freeway 고속도로 dangerous 위험
한 technology 기술 easy 쉬운, 편안한 (easy-easier-easiest) risky 위험한 (risky-
riskier-riskiest) at the same time 동시에

Review & Practice

① _____
너 차 사고 난 후 어떻게 지냈어?

_____ ②
정상적인 생활로 돌아와서 그저 기쁠 뿐이야.

③ _____
잘됐어! 인생엔 우여곡절이 있는 법이잖아, 이젠 다 잘될 거야!

_____ ④
그나저나, 날씨 정말 좋지 않아? 하늘에 구름 한 점 없어.

⑤ _____
그런데 뉴스에서 내일이 올 겨울 가장 추울 거라는데 들었어?

_____ ⑥
그렇대? 으, 안 돼. 난 추운 날씨 진짜 안 좋아하는데!

⑦ _____
나도 그래. 그리고 벌써 12월이라는 것도 믿을 수가 없어.

_____ ⑧
그러니깐! 시간이 점점 더 빨리 가는 것 같아.

⑨ _____

그나저나, 너 Queen Taco에서 타코 먹어 봤어?

_____ ⑩

나 거기 들어 본 적 없는데. 새로 생긴 곳이야?

 ⑪ _____

응, 그리고 내가 이제까지 가 본 멕시코 (음식) 식당 중 최고야.

_____ ⑫

진짜? 너 그 식당에 홀딱 반한 것 같다.

정답

① What have you been up to since your car accident?

② I'm so happy to be getting back to normal life.

③ Good! Life has ups and downs and now you're on your way up!

④ Anyway, it's a really beautiful day, isn't it? There isn't even one cloud in the sky.

⑤ But have you heard the news that tomorrow will be the coldest day of this winter?

⑥ It will? Oh, no. I'm not a big fan of cold weather!

⑦ Neither am I. And it's unbelievable that it's already December!

⑧ I know! Time seems to go by faster and faster.

⑨ Anyway, have you ever tried the tacos at Queen Taco?

⑩ I've never heard of it. Is that a brand new place?

⑪ Yeah, and it's the best Mexican place I've ever been to.

⑫ Really? Sounds like you are pretty into it.

이웃
사귀기

MISSION 1

친구
사귀기

MISSION 2

파티 열고
즐기기

MISSION 3

일상 대화
나누기

MISSION 4

안부
주고받기

MISSION 5

감사 인사
& 명절 인사
나누기

MISSION 6

기쁜 일
함께하기

MISSION 7

슬픈 일
함께하기

MISSION 8

성격과
체질에 대해
이야기하기

MISSION 9

별로인
사람에 대해
불평하기

MISSION 10

똑
부러지게
거절하기

MISSION 11

연애
하기

MISSION 12

학교
생활하기

MISSION 13

직장
생활하기

MISSION 14

엘리베이터
안에서
대화하기

MISSION 15

Mission 5

안부 주고받기

시도 때도 없이 듣는 인사 'How are you?' 어떻게 대답해야 할까?

▶ 'Fine, thank you! And you?'라고 답해도 괜찮습니다.

우리가 기초 영어 인사말로 배웠던 'How are you?'는 실제 미국 현지에서 시도 때도 없이 듣게 되는 인사말인데요. 이 인사말에 매번 어떻게 답해야 할지 몰라 난감해하는 분들이 꽤 많습니다. 왜냐하면 교과서에서 배운 'Fine, thank you! And you?'가 너무 딱딱한 답변이라고 생각해 이를 대체할 만한 답을 찾고 싶지만 잘 모르거나, 'fine/good/bad/so so'와 같이 매번 똑같은 대답만 하는 게 어색하다고 여기기 때문입니다. 하지만 교과서에서 배웠던 그대로 'Fine, thank you! And you?'라고 답해도 얼마든지 괜찮습니다.

▶ 낯선 사람에게서 'How are you?'라는 인사말을 들었다면?

'How are you?'라는 인사말은 직역하면 '기분 어때?'라는 뜻인데, 상황과 문맥에 따라 그 뜻 그대로 사용할 수도 있고 혹은 이와는 다른 의미로 사용할 수도 있습니다. 예를 들어 'How are you?'라는 인사말을 마켓 계산대의 직원이나 길거리에서 마주치는 낯선 사람과 주고받는 경우엔 'Hi/Hello(안녕/안녕하세요)'와 같은 단순한 인사말의 의미를 지닌다고 생각하시면 됩니다. 따라서 이들이 여러분에게 'How are you?'라고 인사하면 대답 없이 미소 지으며 똑같이 'How are you?'라고만 답해도 됩니다. 자, 이처럼 직역 외에 상황별 용례까지 잘 알아 둔다면 'How are you?'라는 인사말을 잘 써먹고 이에 잘 대답할 수도 있겠죠?

▶ 친분이 있는 사람에게서 'How are you?'라는 인사말을 들었다면?

매일 마주하는 친구나 동료의 안부를 물을 때에도 'How are you?'라는 인사말을 쓸 수 있는데요. 이때에는 한국식 인사로 '밥 먹었어?(정말 밥을 먹었는지 여부를 묻는 게 아닌 간단한 인사치레)' 정도로 받아들이면 됩니다. 그런데 실제로 안부가 어떤지 묻고 싶다면 '상태'를 나타내는 be동사인 'ARE'을 한 톤 높여 큰 소리로 'How ARE you?'라고 강조해서 말한 후 '그동안 어떻게 지냈는지' 혹은 '그동안 어떤 일이 있었는지' 등을 구체적으로 물어보면 됩니다. 만일 상대방과 좀 더 격의 없이 친한 사이라면 'What's up?(뭐해? = 별일 없어?)'와 같이 물어봐도 됩니다. 마지막으로 이러한 'How are you?'라는 인사말을 받았을 땐 다시 'How are you?'라고 답례 인사를 건네는 것이 예의이니 꼭 기억해 두세요.

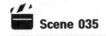

그동안의 소식 묻고 답하기

간만에 지인이나 친구를 만나 '근황'을 묻는 안부 인사를 영어로 건넬 땐 'What's up?(별일 없어?), What have you been up to?(그동안 어떻게 지 냈어?)'와 같이 말하면 됩니다. 만약 상대방에게 뭔가 문제가 있어 보여 이 를 걱정하는 안부 인사를 건네고 싶다면 'Is everything okay with you?((문 제 없이) 다 잘 되고 있는 거지?)'와 같이 묻고, 만약 상대방이 안 좋은 일이 있었다고 털어놓는다면 'I'm sorry to hear that. You've been through a lot.(그런 소리 들으니 마음이 안 좋네. 고생 많았어.)'라는 말로 위로를 건네 면 좋습니다. 참고로 'How are you?(안녕하세요? / 어떻게 지내?)'라는 인 사말은 친하든 안 친하든 일상에서 마주치는 사람들에게 건네는 의례적인 인사말로 볼 수 있으며, 실제 기분이 좋지 않더라도 정말 친한 사이가 아니 라면 부정적으로 답하지 않는 편입니다.

- What have you been up to?
  (그동안) 어떻게 지냈어?

- Not much. Just the usual.
  별일 없어. 평상시랑 똑같아. (= 늘 똑같지 뭐.)

- All kinds of stuff.
  별별 일이 다 있었어.

- Sounds like you have a lot going on.
  뭔가 많은 일들이 있었던 것 같네.

- You've been through a lot.
  많은 일을 겪었네. (= 고생 많았어.)

Hi Emma, what have you been up to?
안녕 Emma, 어떻게 지냈어?

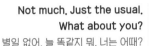 **Not much. Just the usual.**
What about you?
별일 없어. 늘 똑같지 뭐. 너는 어때?

 All kinds of stuff.
별별 일이 다 있었어.

Sounds like you have a lot going on.
What happened?
뭔가 많은 일들이 있었던 것 같네.
무슨 일 있었어?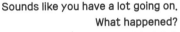

 I had a fight with my husband
the other night and I had a car accident.
요전 날 밤엔 남편이랑 싸웠지,
그리고 나 교통사고까지 났었어.

I'm so sorry to hear that.
You've been through a lot.
Call me if you need anything.
그런 소리 들으니 마음이 안 좋네.
고생이 많았구나.
필요한 게 있으면 나한테 연락해.

What happened? 무슨 일이 있었어? (= 무슨 일인데?) **have a fight with ~** ~와 싸우다 **the other night** 요전 날 밤 **have a car accident** 차(교통) 사고가 나다 **have been through** (안 좋은 일, 힘든 일 등을) 겪다, 치르다

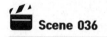

오늘 하루 컨디션을 묻고 답하기

지인이나 친구를 그날그날 만났을 때 건넬 수 있는 인사말 중 하나가 바로 '컨디션 어때?'라는 말입니다. 그런데 '컨디션 어때?'라는 말을 영어로 말할 때 한국어로 말할 때와 같이 'condition'이란 단어를 그대로 쓰는 실수를 범할 수 있는데요. 'condition'이란 단어는 '어떤 일이나 계약을 할 때 붙는 조건'을 뜻하기 때문에 이를 써서 말하면 완전히 다른 의미의 문장이 되어 버립니다. 따라서 영어로는 이 같은 컨디션이 '느끼는 상태/기분'이라고 해석될 수 있기 때문에 'feel'이란 단어를 써서 'How are you feeling today?(오늘 컨디션(기분) 어때?)'라고 물어봐야 합니다. 그리고 이 같은 질문엔 그날그날 자신의 상태에 따라 'feel'이란 단어를 사용하여 'I feel great.(컨디션이(기분이) 아주 좋아.), I feel much better.(컨디션이(기분이) 한결 나아.)'와 같이 답하면 됩니다.

- **How are you feeling today?**
  오늘 컨디션(기분) 어때?

- **I had a good night's sleep.**
  푹 잤어. (= 어젯밤에 잘 잤어.)

- **I feel much better.**
  컨디션이(기분이) 한결 나아.

- **These days, I've been** <u>동사-ing</u> **.**
  난 요즘 _____하고 있어.

- <u>명사</u> **has boosted my energy.**
  _____가 날 기운 나게 해. (= _____가 활력을 불어넣고 있어.)

Hey Zen, how are you feeling today?
안녕 Zen, 오늘 컨디션 어때?

**I had a good night's sleep and
I feel much better. How are you?**
어젯밤에 잘 자서 컨디션이 한결 나아.
너는 어때?

**Good! These days I've been running
3 miles every morning and
it has boosted my energy.**
잘됐다! 난 요즘 매일 아침 3마일씩 달리는데
이게 정말 활력을 불어넣고 있어.

Great! Exercise is important.
정말 좋네! 운동이 중요하다니까.

**I know, right?
As I am getting older I realize
how important a healthy life style is.**
맞아, 그렇지? 나이가 들수록
건강한 생활 방식이 얼마나 중요한지 깨닫고 있어.

Absolutely!
당연하지!

---

have a good night's sleep 충분히 숙면을 취하다 (위에서는 문맥상 '간밤에(어젯밤에) 잘 자다'라는 의미) feel much better (기분이, 컨디션이) 훨씬 좋다, 한결 낫다 boost one's energy ~의 기운(에너지)이 나게 하다 exercise 운동 important 중요한 get older 나이가 들다 healthy life style 건강한 생활 방식

피곤해 보인다고 묻고 챙겨 주기

상대방이 유난히 지쳐 보일 경우, '너 피곤해 보인다'라고 말을 붙이며 안부를 물을 수 있는데요. 이럴 땐 'You look ~.(너 ~해 보여.) / I can see you are ~.(너 ~한 게 보여.)'와 같은 구문에 'tired(피곤한), fatigued(피로한), exhausted(진이 다 빠진)'과 같은 단어를 넣어 '너 지쳐 보여. 너 피곤한 게 눈에 보여'와 같은 말을 건넬 수 있고, 몸이 좋지 않을 경우 이에 대해 'I'm not feeling well.(몸이 좀 안 좋네.)'와 같이 답할 수 있습니다. 참고로 '파김치가 된'과 같은 뉘앙스로 피로를 한층 강조해서 말하고 싶을 땐 '몸의 에너지를 다 태워 닳아빠진 것 같다'라는 의미의 'worn out, super exhausted, burned out'과 같은 표현을 써서 말하면 됩니다. 그리고 피로에 지친 상대를 격려할 땐 'Cheer up.' 대신 'Take care of yourself first.(너부터(네 몸부터) 챙겨.)'라는 말을 많이 사용합니다.

- **You look really tired.**
  너 굉장히 피곤해 보여.

- **I'm not feeling well.**
  몸 상태가 안 좋아. (= 몸이 좀 안 좋네.)

- **I can see you are worn out.**
  너 완전히 지친 게 눈에 보여.

- **I'm more mentally than physically fatigued.**
  육체적으로 피곤하기보다 정신적으로 더 피곤해.

- **Take care of yourself first!**
  우선 너부터 챙겨! (= 네 몸부터 챙겨! / 힘내!)

You look really tired.
너 굉장히 피곤해 보여.

Yeah... I'm not feeling well.
음… 몸이 좀 안 좋네.

I can see you are worn out.
너 완전히 지친 게 눈에 보여.

I'm already super exhausted.
Actually, I'm more mentally than
physically fatigued.
나 이미 진이 빠질 대로 다 빠졌어.
사실 육체적으로 피곤하기보다
정신적으로 더 피곤해.

Take care of yourself first!
Life is meaningless if it is
only about work.
우선 너부터 챙겨! 일만 하면
인생이 너무 무의미하잖아.

Thank you!
Glad you are in my life!
고마워!
나한테 너란 사람이 있어서 정말 좋다!

---

be worn(tired) out 몹시 지치다 be exhausted 몹시 고단하다. 진이 빠지다
mentally 정신적으로 physically 신체(육체)적으로 fatigued 심신이 지친, 피로한
take care of ~ ~을 돌보다, ~을 신경 쓰다 meaningless 의미 없는, 무의미한

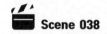

아파 보인다고 묻고 챙겨 주기

한눈에 척 봐도 상대방이 어딘가 아파 보일 경우, '너 ~가 아파 보여'라고 말을 붙이며 안부를 물을 수 있는데요. '충혈된 눈(bloodshot eyes)'과 같이 상대방에게서 눈에 띄게 아픈 증상이 보일 땐 'You have ~ today.(너 오늘 ~(한 증상)이 있네.)'라고 하면서 'Are you ok?(괜찮아?)'라고 묻고, 이와 함께 'Why don't you ~?(~하는 게 어때?)'라는 구문에 'take a ~ break(~만큼 쉬다), relax for ~ minute(s)(~분간 쉬다)'와 같은 표현을 넣어 상대방에게 휴식을 권하거나 'Don't work too hard.(너무 무리하지 마.)' 와 같은 말로 배려하고 챙겨 주면 좋습니다. 참고로 한국에서는 친구가 아플 경우 기운 내라며 비타민제나 죽을 사 주는 등의 행동을 하곤 하는데 미국인에게 이 같은 행동을 하면 익숙하지 않아 당황하며 부담스러워할 수 있으니 주의해야 합니다.

- You have bloodshot eyes today.
  너 오늘 눈이 빨갛게 충혈됐어.

- I feel like something is off in my body.
  나 몸이 어딘가 안 좋은 것 같아.

- Why don't you take a/an 시간 break (at least)?
  _____ 동안(만이라도) 좀 쉬는 게 어때?

- Shut your eyes and relax.
  눈 좀 감고 쉬어.

- It'd be better to 동사 .
  _____하는 게 낫겠어.

You have bloodshot eyes today.
Are you ok?
너 오늘 눈이 빨갛게 충혈됐어. 괜찮아?

I feel like something is off in my body.
I feel groggy.
몸이 어딘가 안 좋은 것 같아.
몸이 천근만근이야.

Why don't you take a 10 minute break
at least? Shut your eyes and relax.
10분이라도 좀 쉬는 게 어때?
눈 좀 감고 쉬어.

I wish I could but my boss will think
I'm sleeping if I do that.
나도 그럴 수 있으면 좋겠는데 그렇게 하면
우리 사장님은 내가 잔다고 생각할 거야.

Why don't you use these eye drops?
이 안약 좀 써 보는 게 어때?

Oh, thanks! It'd be better to use these than
taking an uncomfortable nap in the office.
오, 고마워! 사무실에서 불편하게 낮잠 자는 것보단
이걸 쓰는 게 낫겠어.

---

be off (질, 건강 따위가) 떨어지다, 약화되다 groggy (질병, 심한 피로로) 몸을 가누지 못하는, 힘이 없고 늘어지는 at least 최소한 relax 쉬다 eye drops 안약 uncomfortable 불편한 take a nap 낮잠을 자다

아픈 건 괜찮아졌는지 묻고 챙겨 주기

병에 걸려 아팠던 상대방을 만났을 경우 '아픈 건 괜찮은지' 물어보며 안부 인사를 건넬 수 있을 텐데요. 이럴 땐 'feel better(기분이 더 낫다 → 상태가 나아지다/호전되다)'라는 표현을 써서 'Are you feeling better from ~?(~에서는 좀 호전된 거야? → ~은 좀 괜찮아?)'라고 물어보면 됩니다. 반대로 상대방이 내게 괜찮은지 물었을 경우, 상태가 호전은 됐지만 '완쾌'되지는 않았다면 'I feel much better but I'm not 100 percent.(훨씬 좋아졌지만 다 나은 건 아니야.)', 혹은 병이 다시 도졌다면 'I thought I'd(= I had) almost recovered but I caught it again.(거의 다 나았다고 생각했는데 다시 도졌어.)'와 같이 답하면 됩니다. 그리고 상대방이 계속 아픈 상태라면 'You are fighting it!(잘 이겨내고 있잖아! (그러니 힘내!)'와 같은 말로 위로를 건네면 좋습니다.

- Are you feeling better from 질병 ?
  _____은 좀 나았어(괜찮아)?

- I feel much better but I'm not 100 percent.
  훨씬 좋아졌지만 완전히 다 나은 건 아니야.

- I thought I'd almost recovered but I caught it again.
  거의 다 나았다고 생각했는데, (병이) 다시 도졌어.

- You are fighting it!
  넌 잘 이겨내고 있어!

- 명사/동명사 is the best way to get over 질병 .
  _____하는 게 _____이 낫는 가장 좋은 방법이야.

Hey, are you feeling better from your cold?
안녕, 너 감기 걸린 건 좀 괜찮아?

**I feel much better but I'm not 100 percent.
How about you?**
훨씬 좋아졌지만 완전히 다 나은 건 아니야.
너는 좀 어때?

**I thought I had almost recovered
but I caught it again.**
거의 다 나았다고 생각했는데
다시 도졌지 뭐야.

That sounds horrible!
지긋지긋하다!

**Now I realize why people die from colds
in the news.**
이제 뉴스에서 왜 사람들이 감기로 죽는다고
하는지 알겠어.

**Right but you are fighting it!
Getting enough rest is the best way
to get over a cold.**
그렇긴 하지만 잘 이겨내고 있잖아!
충분히 쉬는 게 감기가 낫는 가장 좋은 방법이야.

---

recover 회복되다 horrible 지긋지긋한, 끔찍한 realize 깨닫다 die from ~으로 죽다 get enough rest 충분한 휴식을 취하다, 푹 쉬다 the best way 최선의 방법, 가장 좋은 방법 get over ~ ~(질병 등)이 낫다

힘든 하루였다고 푸념하며 대화하기

피곤하고 힘든 하루를 보냈을 경우, 친구에게 힘든 하루였다고 푸념하는 스몰톡을 나눌 수도 있을 텐데요. 이처럼 힘든 하루를 보냈을 때 미국인들은 'It's been a long day.(너무 긴 하루였어. = 정말 힘든 하루였어.)'라고 말하곤 합니다. 특히 피곤한 하루를 보냈을 땐 여기저기 삭신이 쑤시는 경우가 많은데, 이럴 땐 'ache(아프다)'라는 단어를 써서 'My whole body aches.(온몸 (여기저기가) 다 아파.)'라고 말하면 되며, 몸의 특정 부위가 유독 아플 땐 한국어로 '아파 죽겠다'라고 말하는 것처럼 영어에서도 'A is/are killing me.(A때문에(A가) 아파 죽겠어.)'라고 말합니다. 그리고 '(피로를 풀기 위해) ~하면 좋을 텐데'라고 희망 섞인 푸념을 할 땐 현재 일어나진 않았지만 그 일을 바란다고 말할 때 쓰는 표현인 '(I) wish 주어+과거 동사(~라면 좋을 텐데.)'로 말하면 됩니다.

- I feel I'm completely burned out.
  난 완전히 나가 떨어지는 것 같아.
- It's been a long day.
  정말 긴 하루였어. (= 정말 힘든 하루였어.)
- My whole body aches.
  온몸 여기저기가 다 아파.
- __신체 부위__ is/are killing me.
  _____가 아파 죽겠어.
- Wish __주어+과거 동사__ .
  _____라면 좋겠다(좋을 텐데).

Talk 힘들다고 푸념 ▶ 아프고 힘든 점 언급 ▶ 쉬고 싶다고 푸념

I feel I'm completely burned out.
난 완전히 나가 떨어지는 것 같아.

Me too.
It's been a long day.
나도. 정말 긴 하루였어.

My whole body aches.
온몸 여기저기가 다 아파.

Mine too.
Especially my legs.
They are killing me.
나도 그래.
(그 중에서도) 특히 다리.
다리가 아파 죽겠어.

Wish we were at the spa and getting a massage right now.
지금 스파에 있으면서
마사지를 받고 있으면 좋겠다.

That would be paradise!
그럼 천국이 따로 없을 텐데!

---

burned out 에너지를 소진한 (위에서는 문맥상 '(에너지를 소진하여) 완전히 지친'이라는 의미로 사용) ache (몸이) 아프다, 쑤시다 especially 특히 wish (that) 주어+과거동사 (가능성이 낮거나 불가능한 일을 바라며) ~라면 좋겠다/좋을 텐데 get a massage 마사지를 받다 paradise 천국, 낙원

Mission 5 123

스트레스 받는 일을 털어놓고 대화하기

스트레스 받는 일이 있을 경우, 가까운 지인이나 친구들에게 이를 털어놓고 푸념하는 스몰톡을 나눌 수도 있을 텐데요. '스트레스 받는다'를 영어로 말할 땐 'receive/get stressed'가 아니라 'be feeling stressed, be stressed out, be under a lot of stress'와 같이 말합니다. 그리고 친구가 내게 스트레스를 받는다고 털어놓았을 땐 'Is it from A or B?(A 때문이야, 아니면 B 때문이야?)'라는 말로 스트레스의 원인이 무엇인지 물을 수 있고, 친구가 무엇 때문에 스트레스를 받고 있는지 말했을 경우 이에 대해 'Same here.(나도 그래(마찬가지야).), We are in the same boat.(우린 같은 배를 탔어. → 우린 같은 문제에 처해 있어.)'와 같은 말을 건네면 친구가 털어놓은 스트레스에 깊이 공감하며 이를 함께 나눌 준비가 되었음을 표할 수 있습니다.

- I am feeling stressed these days.
  나 요즘 스트레스 받아.

- Is it from A or B?
  A 때문이야, 아니면 B 때문이야?

- Same here. I think maybe we are going through A.
  나도 마찬가지야. 어쩌면 우린 A를 겪고 있는 건지 몰라.

- I think we are in the same boat.
  내 생각에 우린 같은 처지야(같은 문제에 처해 있어).

- We need to figure out what to do.
  우리가 뭘 해야 할지 생각해 봐야 할 것 같아.

I am feeling stressed these days.
나 요즘 스트레스 받아.

Is it from work or family?
일 때문이야, 아니면 가족 때문이야?

It's nothing to complain about.
I think it's just aging.
불만스러운 건 아무것도 없어.
그냥 나이 들어서 그런 것 같아.

Same here. Nothing is exciting.
I think maybe we're going
through a mid-life crisis.
나도 그래. 재미있는 게 없어. 어쩌면 우린
중년의 위기를 겪고 있는 건지도 몰라.

Aging is stressful!
Not only physically but also mentally.
나이가 들어 간다는 건 스트레스야!
신체적으로뿐만 아니라 정신적으로도.

I think we are in the same boat and
need to figure out what to do.
내 생각에 우린 같은 문제에 처해 있어,
그러니 뭘 해야 할지 생각해 봐야 할 것 같아.

---

complain about ~ ~에 대해 불평하다(불만스럽다) age 나이. 나이가 들다 go
through 겪다 mid-life crisis 중년의 위기 stressful 스트레스가 많은 physically
신체적으로 mentally 정신적으로 figure out 해결하다. 알아내다

피로/스트레스 해소법 제안하기

상대방이 몸의 피로나 스트레스 때문에 힘들다고 푸념하면 이를 해소할 수 있는 방법을 제안하며 대화를 이어 나갈 수 있을 텐데요. 특히 미국인들은 너무 피곤하고 스트레스를 받아 몸이 힘든 상태라고 말할 때 'I feel like a zombie.(나 좀비(살아 있는 시체)가 된 것 같아.)'라는 표현을 곧잘 씁니다. 이렇듯 상대방이 '좀비'가 된 것마냥 힘들다고 토로했을 경우, 'Why don't you ~?(~하는 건 어때?), It can help you feel more ~.(그러면 네가 더 ~하게 느끼는(되는) 데 도움이 될 거야.)'와 같은 말로 피로/스트레스 회복 방법을 추천해 줄 수 있고, 이와 더불어 'When was the last time you ~?(너 마지막으로 ~한 게 언제야?)'라는 표현을 활용하여 상대방에게 언제 마지막으로 숙면(a good night's sleep)을 취하거나 푹 쉬었는지 여부도 물어보면 더욱 좋을 것입니다.

- I'm so fatigued/stressed that I feel like a zombie.
  나 너무 피곤해서/스트레스 받아서 좀비가 된 것 같아.

- When was the last time you slept in?
  너 마지막으로 푹 잔 게 언제야?

- A good night's sleep is really important.
  밤에 잘 자는 것(숙면을 취하는 것)은 정말 중요해.

- Why don't you 동사 ?
  _____해 보는 건 어때?

- It can help you feel more energetic/focused.
  네가 좀 더 활력이 생기게/집중력이 높아지게 도와줄 거야.

I am so fatigued and stressed that I feel like a zombie.
난 너무 피곤하고 스트레스 받아서
좀비가 된 것 같아.

When was the last time you slept in?
A good night's sleep is really important.
너 마지막으로 푹 잔 게 언제야?
밤에 숙면을 취하는 게 정말 중요하거든.

I got enough sleep but still feel lethargic and unproductive.
나 잠은 충분히 자는데도 여전히
나른하고 무기력해.

Why don't you do some exercise?
운동을 좀 해 보는 건 어때?

That's a good idea.
그거 좋은 생각이다.

It can help you feel more energetic and focused.
그러면 좀 더 활력이 생기고 집중력도
더 높이는 데 도움이 될 거야.

---

be fatigued 피곤하다, 지치다 zombie ('좀비' 같은 상태의 사람을 지칭) 무기력한 사람 lethargic 무기력한, 나른한, 기운이 없어서 늘어지는 unproductive 비생산적인 (위에서는 문맥상 '에너지가 없어 일을 잘 못하는 무기력한 상태'를 의미) energetic 활기 있는, 기운이 나는 focused 집중한, 집중적인

유행하는 질병에 대해 이야기하기

전염성이 강한 질병이 유행할 경우, 이에 대해 걱정하며 서로의 안부를 주고받는 스몰톡을 나누기도 하는데요. 그 중 대표적인 유행병 하나가 바로 '감기, 독감'일 것입니다. 감기/독감은 보통 기온이 떨어지며 발병하는 경우가 많기 때문에 기온이 '뚝 떨어졌다(dropped)'고 말문을 열면서 'There are a lot of people suffering from ~.(~(라는 병)에 시달리는 사람들이 많더라.)'라는 표현으로 감기/독감이 유행 중임을 말할 수 있습니다. 그리고 자신이 누군가로 인해 그러한 병에 전염되었을 경우엔 'I got 질병 from 병을 옮긴 사람.(나 ~ 때문에 ~에 걸렸어.)'라고 말할 수 있고, 상대방이 병에 걸려 힘들다고 토로했을 땐 'I know how you feel.(네가 어떤 기분일지 알아. = 그게 어떤 기분인지 알아.)'라고 말해 주면 공감대를 형성하며 대화를 이어 나갈 수 있습니다.

- The temperature dropped all of a sudden.
  갑자기 기온이 뚝 떨어졌어.

- There are a lot of people suffering from 질병 .
  _____에 시달리는(_____ 때문에 고생하는) 사람들이 많아.

- I have never caught a flu this bad.
  나 이렇게 지독한 독감엔 걸려 본 적이 없어.

- I know how you feel because I also had 증상 .
  나도 _____(란 증상)을 겪어 봐서 그게 어떤 기분인지 알아.

- I got it from 병을 옮긴 사람 .
  나 _____ 때문에 그거(병)에 걸렸어.

The temperature dropped all of a sudden.
The weather is weird.
기온이 갑자기 뚝 떨어졌어. 날씨가 이상해.

Yeah, that's why there are a lot of people
suffering from bad colds.
맞아, 그래서 독감에 시달리는 사람들이 많잖아.

Right! I have never caught a flu this bad.
맞아! 나 이렇게 지독한 독감엔 걸려 본 적이 없어.

I know how you feel because
I also had every symptom of the flu
last time. It was terrible!
나도 지난번에 독감 증상이란 증상은 다 겪어 봐서
그게 어떤 기분인지 알아. 정말 최악이었어!

It is! I got it from my sister and it spread to
the whole family one after another.
맞아! 난 누나/여동생 때문에 걸렸는데
이게 가족들한테까지 줄줄이 퍼졌다니까.

Oh, I'm sorry.
It's very contagious, right?
아이고, 안 됐다.
이게 너무 쉽게 옮는다니까, 그치?

---

all of a sudden 갑자기 weird 이상한 suffer from ~ ~로 고생하다, ~에 시달리다
bad cold 독감 catch a cold/flu 감기/독감에 걸리다 symptom 증상 one after
another 잇따라서, 차례로 spread 퍼지다 contagious 전염되는, 전염성의

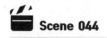

건강상 안 먹는 음식에 대해 이야기하기

건강상의 이유로 특정 식음료를 먹지 않는 경우가 종종 있습니다. 예를 들어 누군가가 '커피'를 마시지 않겠느냐고 물었을 때 카페인이 몸에 안 맞아 이를 절제 중이라고 말하며 대화하는 경우가 있을 수 있는데, 특히 '커피'는 사적인 모임부터 비즈니스 만남에 이르기까지 다양한 상황과 장소에서 사람들과 소통할 때 마시는 대표적인 음료이기 때문에 '커피'를 놓고 이러한 대화를 나눌 확률이 높습니다. 따라서 누군가 커피를 권했을 때 이를 마시지 않는다면 카페인 때문에 'get heart palpitations(심장이 두근거린다), can't sleep at night(밤에 잠을 못 잔다)'와 같은 이유를 들며 대화할 수 있고, 덧붙여 카페인으로 인해 심장이 급박하게 쿵쾅거리며 뛴다고 할 땐 'beat((본래의 심장 박동이) 뛴다)'가 아니라 'race/pound' 등을 써서 말해야 합니다.

- I thought you love 특정 음식 .
  난 네가 _____을 굉장히 좋아하는 줄 알았어.
- I've been cutting down on 특정 성분 .
  나 _____을 줄이고 있어.
- It started to make me feel 형용사 .
  이것 때문에 _____한 기분(증상)이 느껴지기 시작했어.
- Every time I eat/drink 음식 it bothers 신체 부위 .
  _____을 먹을/마실 때마다 이게 _____을 안 좋게 해.
- I get 특정 증상 and I can't 동사 .
  _____(한 증상)이 생기고 _____할 수 없어.

Do you want some coffee?
커피 좀 마실래?

No, but thanks!
아니, 하지만 (권해 줘서) 고마워!

I thought you love coffee.
너 커피를 굉장히 좋아하는 줄 알았는데.

I used to but I've been cutting down on caffeine since it started to make me feel weird.
그랬었지, 그런데 카페인 때문에 이상한 증상이 느껴지기 시작하면서부턴 카페인을 좀 줄이고 있어.

Really? That must be annoying.
정말? 그거 진짜 거슬리겠다.

Every time I drink coffee it bothers my stomach and I get heart palpitations. And I can't even sleep at night.
커피를 마실 때마다 속이 안 좋고 심장이 두근거려. 그리고 밤에 잠도 잘 못 잔다니까.

---

used to V (과거 한때) ~하곤 했다 cut down on ~ ~을 줄이다 annoying 짜증나는, 거슬리는 bother 성가시게 하다 (위에서는 문맥상 '(몸의 신체 기관을) 안 좋게 하다, 불편하게 하다'라는 의미로 해석) stomach 위 heart palpitations 심계 항진 (심장이 두려움, 흥분 등으로 갑자기 두근두근 뛰는 상태)

Review & Practice

① _____

안녕 Zen, 오늘 컨디션 어때?

② _____

어젯밤에 잘 자서 기분이 한결 나아. 넌 어때?

③ _____

난 너무 피곤하고 스트레스 받아서 좀비가 된 것 같아.

④ _____

너 마지막으로 푹 잔 게 언제야?

⑤ _____

나 잠은 충분히 자는데도 여전히 나른하고 무기력해.

⑥ _____

너 완전히 지친 게 눈에 보여. 우선 네 몸부터 챙겨!

⑦ _____

고마워! 그나저나, 기온이 갑자기 뚝 떨어졌어.

⑧ _____

맞아, 그래서 독감에 시달리는 사람들이 많잖아.

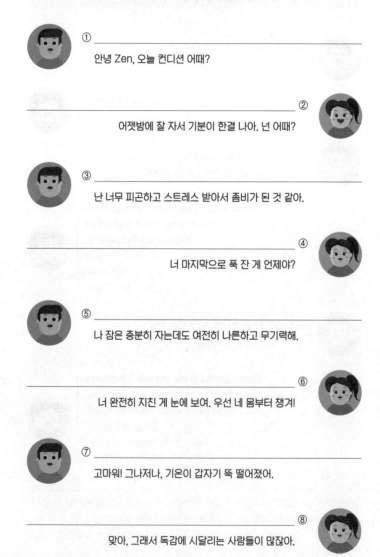

⑨ _____

Kim, 넌 감기 걸린 건 좀 괜찮아?

_____ ⑩

훨씬 좋아졌지만 완전히 다 나은 건 아니야.

⑪ _____

충분히 쉬는 게 감기가 낫는 가장 좋은 방법이야.

_____ ⑫

지금 스파에 있으면서 마사지나 받고 있으면 좋겠어!

— 정답 —

① Hey Zen, how are you feeling today?
② I had a good night's sleep and I feel much better. How are you?
③ I am so fatigued and stressed that I feel like a zombie.
④ When was the last time you slept in?
⑤ I got enough sleep but still feel lethargic and unproductive.
⑥ I can see you are worn out. Take care of yourself first!
⑦ Thanks! Anyway, the temperature dropped all of a sudden.
⑧ Yeah, that's why there are a lot of people suffering from bad colds.
⑨ Kim, are you feeling better from your cold?
⑩ I feel much better but I'm not 100 percent.
⑪ Getting enough rest is the best way to get over a cold.
⑫ Wish I was at the spa and getting a massage right now.

이웃
사귀기

MISSION 1

친구
사귀기

MISSION 2

파티 열고
즐기기

MISSION 3

일상 대화
나누기

MISSION 4

안부
주고받기

MISSION 5

감사 인사
& 명절 인사
나누기

MISSION 6

기쁜 일
함께하기

MISSION 7

슬픈 일
함께하기

MISSION 8

성격과
체질에 대해
이야기하기

MISSION 9

별로인
사람에 대해
불평하기

MISSION 10

똑
부러지게
거절하기

MISSION 11

연애
하기

MISSION 12

학교
생활하기

MISSION 13

직장
생활하기

MISSION 14

엘리베이터
안에서
대화하기

MISSION 15

Mission 6

감사 인사&
명절 인사 나누기

다양한 인사 카드를 주고받는 미국 문화 & 만능 감사 인사 'Thank you!'

▶ 카드로 마음을 나누는 미국 문화

미국인들은 특히 '인사'하는 것을 좋아하고 잘 챙기는 편인데요. 예를 들어 누군가에게 선물을 받거나 도움을 받았을 때, 혹은 특별한 초대를 받았을 때 이에 대한 '감사 카드(Thank you card)'를 보내 고마운 마음을 곧잘 표현하고 이를 에티켓으로 여깁니다. 또한 추수감사절이 되면 평소 감사를 표하고 싶었던 사람들에게 감사 인사를 건네거나 크리스마스와 연말이 되면 서로의 행복을 바라는 인사를 주고받으며 훈훈하게 보내고, 이 외에도 누군가를 축하해 주거나 위로해 주고자 할 때, 그리고 누군가가 큰 일을 앞두고 있어 이것이 잘되기를 바란다고 말해 주고 싶을 때에도 카드로 이 같은 마음을 표현합니다. 미국 어느 동네를 가더라도 마켓에서 이러한 카드들이 각 이벤트별로 구비되어 판매되고 있는 것을 보면 카드 문화가 얼마나 잘 발달해 있는지 알 수 있습니다. 단, 인사 카드를 잘 주고받는 데 비해 부담스러운 선물을 주고받는 일은 거의 없는데요. 미국의 선물 문화는 꽤 소박하기 때문에 선물을 주는 사람이 부담되지 않는 선에서 선물을 준비하여 건네면 그것이 아무리 작더라도 주는 사람의 마음과 정성이 담겨 있기 때문에 그것으로 충분하다고 여깁니다.

▶ 'Thank you', 이 말 한마디로도 충분한 감사 인사가 된다!

미국에서는 'Thank you' 혹은 'I appreciate that'과 같은 말로 '고맙다'는 감사 인사를 하는데요. 한국인의 정서로는 무언가 더 깊이 있게 감사를 표하는 것이 예의라고 생각해 'Thank you'라는 말 한마디가 너무 짧고 성의 없게 느껴져 성에 안 찰 수도 있습니다. 하지만 미국에서는 진심을 담아 'Thank you'라고만 말해도 충분한 감사 인사가 될 수 있기 때문에 누군가에게 감사 인사를 전할 일이 있을 경우 'Thank you'라고만 해도 충분히 괜찮습니다. 반대로 여러분이 미국인에게 호의와 감사할 일을 베풀었다 해도 이에 대한 감사 인사로 'Thank you'라는 말 한마디만 듣고 끝날 수 있으니 너무 섭섭하게 생각하지 않으셔야 합니다. 참고로 감사한 마음을 더 많이 보여 주고 싶다는 생각으로 같은 일에 대해 계속해서 'Thank you, Thank you very much, I appreciate that'과 같은 말을 반복해서 하게 되면 상대방이 오히려 부담스러워할 수 있으니 서로가 불편해지지 않은 선에서 감사 인사를 적당히 하고 마무리하는 것이 좋습니다.

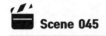
축하 받고 고맙다는 인사하기

미국인들은 서로 축하할 일이 있으면 가족은 물론 친구, 직장 동료에 이르기까지 작게나마 선물을 준비한 후 이를 건네며 축하해 줍니다. 따라서 생일, 졸업, 승진과 같은 기념일이 되면 'I got ~ for you.(당신에게 줄 ~을 준비했어요.)'라는 말과 함께 선물을 건네거나 혹 이를 모르고 그냥 지나쳤다면 'Happy belated ~!(늦었지만 ~ 축하해요!)'와 같은 말로 마음을 표현하는데요. 이처럼 누군가 여러분에게 축하한다고 말하며 선물을 줬을 땐 'Thank you.(고마워요.)'라고만 답해도 되지만 그 뒤에 'You didn't need to do that.((이런 선물까지 주시다니) 그러지 않으셔도 되는데.), I've always wanted ~.(저 ~(선물 받은 물건)을 항상 갖고 싶어 했어요.), I can't wait to use ~.(~(선물 받은 물건)을 빨리 써 보고 싶어요.)'와 같은 말도 덧붙이면 선물을 준 사람의 기분이 더 좋아지겠죠?

- Happy (belated) _기념일_ .
  (늦었지만) _____ 축하해요.

- I got a little surprise for you.
  당신에게 줄 작은 선물 하나 준비했어요.

- You didn't need to do that.
  그러지 않으셔도 되는데. (이렇게 해 줘서 너무 고마워요.)

- I've always wanted _받은 선물_ .
  저 _____을 항상 갖고 싶어 했어요.

- I can't wait to use _받은 선물_ .
  빨리 _____을 써 보고 싶어요.

I heard it was your birthday 2 days ago.
Happy belated birthday.
이틀 전에 생일이었다고 들었어요.
늦었지만 생일 축하해요.

Thanks! I had a small party with just family.
It's unbelievable that I'm 40 already. I'm over the hill.
고마워요! 가족들하고만 조촐하게 파티하며 보냈어요.
벌써 마흔이란 게 믿기지가 않아요. 저도 이젠 꺾였네요.

Don't say that. We are still young!
Anyway, I got a little surprise for you.
그런 말 마요. 우리 아직 젊어요! 그나저나,
당신에게 줄 작은 선물 하나 준비했어요.

Aww.. you didn't need to do that.
어머.. 그러지 않으셔도 되는데.

This is nothing fancy, just a small gift.
I hope you like it.
이거 그렇게 비싼 거 아니에요, 그냥 작은 선물이에요.
마음에 들어 하셨으면 좋겠네요.

Can I open it now? Wow! I've always wanted
one of these. I can't wait to use it!
지금 열어 봐도 돼요? 이야! 저 이거 항상
갖고 싶어 했는데. 빨리 써 보고 싶어요!

---

belated 뒤늦은, 연착된 be over the hill (전성기/젊은 시절을 지나) 한물가다, 꺾이다
This is nothing ~. 이거 그렇게 ~한 거 아니에요. fancy 값비싼, 고급의

도움 받고 고맙다는 인사하기

미국에서는 누군가에게 도움을 받았을 때 격의 없는 친구 사이라면 간단히 'Thank you!(고마워!), Thanks to your help, ~.(네 덕에 ~했어.)'와 같은 말로 고마움을 전하는데, 만약 이보다 더 진심을 담아 깊이 있게 고마움을 표현하고 싶다면 'I appreciate that.(정말 너무 고마워.)'와 같이 말할 수도 있습니다. 반대로 이 같은 감사 인사를 받았을 땐 'That's what friends are for.(그게 친구가 있는 이유지. = 친구 뒀다가 뭐해.), No problem!(그게 무슨 문제야! = 그게 뭐 큰일이라고!)'와 같은 말을 건네면 우정이 더욱 돈독해질 것입니다. 그리고 미국에서는 말로 하는 감사 인사 외에도 글로 쓴 '감사 카드(Thank you card)' 또한 잘 주고받는데, 이 같은 카드는 주로 학교 선생님이나 업무적인 관계에 있는 사람에게 보내는 일이 많습니다.

- Thanks to your help, everything went well.
  네 도움 덕에 모든 게 잘 풀렸어.

- I couldn't do anything without your help.
  네 도움이 없었다면 아무것도 못했을 거야.

- You literally saved my life.
  그야말로 네가 날 살린 거지.

- That's what friends are for.
  친구 뒀다가 뭐해. (= 친구 좋다는 게 뭔데, 그러니까 친구지.)

- Let me know if you ever need my help.
  내 도움이 필요하면 (뭐든) 내게 알려 줘.

Hey Min, so how did things go?
Everything turned out ok?
안녕 Min, 일은 어떻게 됐어? 다 잘된 거야?

Oh, yes. Thanks to your help,
everything went well.
응. 네 도움 덕에 모든 게 잘 풀렸어.

That's great!
I am glad it was successful!
잘됐다! 일이 잘 풀렸다니 기분이 좋네!

I couldn't do anything without your help.
You literally saved my life.
네 도움이 없었다면 아무것도 못했을 거야.
그야말로 네가 날 살린 거지.

No problem! That's what friends are for.
Let me know if you ever need my help.
그게 뭐 큰일이라고! 친구 뒀다가 뭐해.
내 도움이 필요하면 뭐든 내게 알려 줘.

I really appreciate that.
I think you might be my guardian angel!
정말 너무 고마워.
진짜 네가 내 수호천사가 아닐까 싶어!

---

turn out ~ ~의 결과로 드러나다 go well 잘 되어가다 successful 성공적인, 잘 풀
리는 literally 문자(말) 그대로, 그야말로 save one's life ~의 생명을 구하다
appreciate 진가를 알아보다(인정하다), 고마워하다 guardian angel 수호천사

선생님께 감사하다는 인사하기

한국과 같이 미국에서도 선생님에 대한 존경심과 예의를 갖추는 것은 중요한 덕목으로 여겨집니다. 따라서 자녀가 학교 생활을 하는 데 있어 선생님께 도움을 받은 일이 있다면 도움을 받은 직후 하루 이틀 내에 'Thank you card(감사 카드)'나 포스트잇/메모지에 'Thank you note(감사 편지)'를 써서 전하는 것이 좋습니다. 혹 선생님과 대화할 기회가 생겼다면 반갑게 'How are you?(잘 지내시죠?)'라고 안부 인사부터 건넨 뒤 'Thanks to your excellent guidance(선생님께서 잘 이끌어 주신 덕분에)' 아이가 학교에 잘 다니고 있다고 말하면 되며, 이와 더불어 'enjoy school(학교 생활을 즐기다), get along well with the other kids(다른 아이들과 잘 지내다)'와 같은 표현을 써서 아이가 학교 생활을 어떻게 잘하고 있는지도 구체적으로 말하면 더욱 좋습니다.

- Does __사람__ like school so far?
  _____가 지금까지의(지금껏) 학교 생활은 좋아하나요?

- He/She had a hard time __동사-ing__.
  우리 애가 _____하는 걸 힘들어했어요.

- He/She is doing well and getting along with __사람__.
  아이가 잘 하고 있고 _____와도 잘 지내고 있어요.

- Thanks to your excellent guidance he/she __동사__.
  선생님께서 잘 이끌어 주신 덕분에 아이가 _____해요.

- I'm happy to have him/her as a student.
  이 아이가(댁의 자녀가) 제 학생이라서 저도 기뻐요.

Hello Mrs. Miller, how are you?
Miller 선생님, 안녕하세요. 잘 지내세요?

I'm good. How are you?
Does Jessi like school so far?
잘 지내요. 어머님은 어떠세요?
Jessi가 지금껏 학교 생활은 좋아하나요?

When she transferred in February, she had a hard
time making friends but now she loves school.
우리 애가 2월에 전학 왔을 땐 새 친구 사귀는 걸
힘들어하더니 지금은 학교를 정말 좋아해요.

I know, but she is doing well and
getting along with the other kids.
저도 잘 알죠, 하지만 Jessi는 잘 하고 있고
다른 아이들과도 잘 지내고 있어요.

Thanks to your excellent guidance
she enjoys school.
선생님께서 잘 이끌어 주신 덕분에
아이가 학교 생활을 잘 즐기고 있어요.

It's my pleasure!
I am happy to have her as a student.
제가 좋아서 한 일인 걸요!
Jessi가 제 학생이라서 저도 기뻐요.

---

transfer 옮기다, 이전하다, 전근/전학을 가다 make friends 친구들을 사귀다 get
along with ~ ~와 잘 지내다 guidance 지도(가르침), 인도

 **Scene 048**

 MP3 048

크리스마스 및 새해 인사 나누기

미국에서는 크리스마스가 되면 11월 '추수감사절(Thanksgiving)'이 끝나기 전부터 온 집안과 거리가 크리스마스 풍으로 장식되어 다음 해 1월 1일이 지날 때까지도 이 같은 풍경이 이어집니다. 굉장히 큰 명절이라 할 수 있죠. 따라서 12월이 되면 'Happy holidays.(즐거운 연휴 되세요.)'라는 인사말을 많이 주고받는데, 이때 말하는 연휴는 '12월 크리스마스(Christmas)와 다가올 새해(New Year's Day)' 두 가지를 지칭하기 때문에 'holiday'의 복수형 'holidays'를 써서 말합니다(단, 다른 연휴 땐 단수형을 써서 말해야 함). 참고로 미국에서는 낯선 사람과 마주쳤을 때에도 'Happy holidays.'라고 인사하는 일이 많습니다. 또한 이 같은 명절 인사를 주고받으며 'What are you going to do for ～?(～엔 뭐 할 계획이에요?)'까지 묻게 되면 좀 더 긴 대화를 나눌 수 있겠죠?

- _휴일_ is just around the corner.
  곧 _____야. (= _____이 코앞이야.)
- What are you going to do for _휴일_ ?
  너 _____에 뭐 할 계획이야?
- (Hope you have a) Merry Christmas!
  크리스마스 잘 보내!
- (Hope you have a) Happy New Year!
  새해 복 많이 받아!
- Happy holidays (to you)!
  연휴 잘 보내!

It seems like it was just New Year's day
but it's almost the end of the year.
금방 새해였던 것 같은데 거의 연말이 됐네.

Exactly! It's unbelievable that
Christmas is just around the corner.
내 말이! 곧 크리스마스라는 게 믿기질 않아.

I feel like this year has gone by so quickly.
By the way, what are you going to(gonna)
do for Christmas?
올해는 너무 빨리 지나간 것 같은 느낌이야.
그건 그렇고, 넌 크리스마스 때 뭐할 계획이야?

I'll go to New York to be with my family and come
back the day after New Year's. What about you?
난 뉴욕에 가서 가족들이랑 있다가
새해 다음날(1월 2일)에 돌아올 거야. 너는?

I'm staying at my place for the holidays. Hope you
have a Merry Christmas and a Happy New Year!
나는 연휴 동안 집에 있으려고.
크리스마스 잘 보내고 새해 복 많이 받아!

Happy holidays to you too and please say
hello to your family for me.
너도 연휴 잘 보내고 너희 가족에게 안부 인사 전해 줘.

---

seem like ~ ~처럼 보이다 the end of the year 연말 around the corner 목전(코
앞)에 있는 I feel like ~. ~인 것 같은 느낌이야. my place 나의 집

Review & Practice

① _____

이틀 전에 생일이었다고 들었어요. 늦었지만 생일 축하해요.

_____ ②

고마워요! 가족들하고만 조촐하게 파티하며 보냈어요.

③ _____

그나저나, 금방 새해였던 것 같은데 거의 연말이 됐네요.

_____ ④

제 말이요! 곧 크리스마스라는 게 믿기질 않아요.

⑤ _____

올해는 너무 빨리 지나간 것 같아요. 그나저나, 일은 어떻게 됐어요?

_____ ⑥

도와주신 덕분에 모든 게 잘 풀렸어요.

⑦ _____

정말 잘됐네요! 일이 잘 풀렸다니 기분이 좋군요!

_____ ⑧

안 도와주셨으면 아무것도 못 했을 거예요. 그야말로 절 살리셨어요.

⑨ _____

Miller 선생님, 안녕하세요. 잘 지내세요?

_____ ⑩

잘 지내요. 어머님은 어떠세요? Jessi가 지금껏 학교 생활은 좋아하나요?

⑪ _____

선생님이 잘 이끌어 주셔서 아이가 학교 생활을 잘 즐기고 있어요.

_____ ⑫

제가 좋아서 한 일인 걸요! Jessi가 제 학생이라서 저도 기뻐요.

정답

① I heard it was your birthday 2 days ago. Happy belated birthday.

② Thanks! I had a small party with just family.

③ By the way, it seems like it was just New Year's day but it's almost the end of the year.

④ Exactly! It's unbelievable that Christmas is just around the corner.

⑤ I feel like this year has gone by so quickly. By the way, how did things go?

⑥ Thanks to your help, everything went well.

⑦ That's great! I am glad it was successful!

⑧ I couldn't do anything without your help. You literally saved my life.

⑨ Hello Mrs. Miller, how are you?

⑩ I'm good. How are you? Does Jessi like school so far?

⑪ Thanks to your excellent guidance she enjoys school.

⑫ It's my pleasure! I am happy to have her as a student.

이웃
사귀기

MISSION 1

친구
사귀기

MISSION 2

파티 열고
즐기기

MISSION 3

일상 대화
나누기

MISSION 4

안부
주고받기

MISSION 5

감사 인사
& 명절 인사
나누기

MISSION 6

기쁜 일
함께하기

MISSION 7

슬픈 일
함께하기

MISSION 8

성격과
체질에 대해
이야기하기

MISSION 9

별로인
사람에 대해
불평하기

MISSION 10

똑
부러지게
거절하기

MISSION 11

연애
하기

MISSION 12

학교
생활하기

MISSION 13

직장
생활하기

MISSION 14

엘리베이터
안에서
대화하기

MISSION 15

기쁜 일
함께하기

한국과 미국의 축하 문화 & 선물 문화의 차이점

▶ 적극적인 축하 표현 & 축하 파티를 즐기는 미국 문화

드라마나 영화 속에서 미국인들이 기쁜 일을 축하하는 모습을 보면 아주 밝은 함박웃음을 지으며 '허그'나 '뺨키스'를 하는 걸 심심찮게 볼 수 있습니다. 또한 누군가의 생일이 되면 그것이 친구가 아닌 직장 동료라 할지라도 깜깜해진 사무실로 생일 주인공을 데리고 온 뒤 'Surprise!(깜짝 파티야!)'라고 말하며 축하해 주는 모습도 볼 수 있는데요. 물론 영화나 드라마이기에 좀 더 화려하게 과장된 면이 있을 수도 있지만 실제 미국인들은 기쁜 일이 있으면 이처럼 함께 기뻐하고 축하하며 어울리는 것을 굉장히 좋아합니다. 참고로 미국은 땅덩이가 넓어 한국처럼 쉽게 접근할 수 있는 카페, 노래방, 술집과 같은 놀이 공간이 거의 없기 때문에 친분이 있는 사람들끼리 직접 음식과 오락거리들을 준비해서 모여 함께 노는 문화가 발달되어 있습니다.

▶ '나'를 중심으로 축하의 마음을 표현하는 미국 문화

축하를 표현하는 말에 있어서도 한국과 미국 간에 차이점이 있습니다. 예를 들어 한국인은 '야~ 너 정말 축하한다!'와 같이 '상대방'을 기준으로 말하지만, 미국인은 'I'm happy for you.(난 네가 잘돼서 기뻐.) / I'm proud of you.(난 네가 자랑스러워.)'와 같이 'I(나)'를 중심으로 말합니다. 왜냐하면 '내가' 가진 축하의 마음을 상대방에게 전달하는 것이라 여기기 때문이죠. 또한 축하를 미리 하거나 늦게 하게 됐을 땐 미리(in advance) 혹은 늦게(belated)라는 말을 덧붙여 축하의 말을 건네면 됩니다.

▶ 한국과 미국의 선물 문화 차이

한국에서는 친한 친구 사이에서도 때론 비싼 선물을 주고받고 혹은 축하 받을 친구에게 무엇이 필요한지 묻고 확인한 뒤 그것을 선물로 주기도 하는데요. 미국에서는 부담스럽게 비싼 선물을 하거나 상대방에게 필요한 게 무엇인지 물어보고 선물하는 편은 아닙니다. 그보다는 상대방이 무엇을 갖고 싶어 하는지 스스로 고려한 뒤 선물을 주고받는 사람 모두가 부담스럽지 않은 선에서 선물을 많이 합니다. 또한 한국에서는 선물을 '돈'으로 주는 경우도 흔한데, 미국에서는 예를 들어 아이들에게 용돈이랍시고 '돈'을 선물로 준다면 받는 아이와 그 부모 모두 너무 놀라 당황할 수 있으니 주의해야 합니다.

합격 소식을 듣고 축하해 주기

국적을 불문하고 사람들은 좋은 일이 있으면 가족, 지인, 친구들과 함께 이를 축하하며 기뻐합니다. 이때 미국에서 가장 보편적으로 쓰이는 축하 인사가 바로 'Congratulations('con(together)+gratus(thanks)'으로 구성된 어휘, 줄여서는 'Congrats')'인데, 이 표현은 뭔가를 이뤄내거나 성취한 이에게 '축하한다'는 뜻으로 건네는 인사말입니다. 예를 들어 누군가 '학교/회사에 합격했다(got accepted to 학교/회사)'는 소식을 전했을 경우 'Congratulations!(축하해!)'라는 말과 함께 'I knew you could do it.(난 네가 해낼 줄 알았어.), It's unbelievable ~.(~라니 믿기지가 않네.)'와 같은 말로 진심 어린 축하의 말을 전할 수 있습니다. 참고로 'Congratulations'는 '뭔가를 해내거나 성공한 사실을 축하할 때' 쓰는 표현이기 때문에 신년, 크리스마스, 생일 같은 때엔 쓰지 않으니 이를 꼭 기억해 두세요.

- Any news on __명사__ ?
  _____와 관련해 무슨 소식은 없니?

- I got accepted to __명사__ .
  저 _____에 합격했어요.

- Congratulations! I knew you could do it.
  축하한다! 난 네가 해낼 줄 알았어.

- It's unbelievable __주어+동사__ .
  _____라는 게 믿기지 않는구나.

- I couldn't have done this without you.
  당신이 없었다면 (이걸) 해내지 못했을 거예요.

Hi Kate, any news on your college applications?
안녕 Kate, 대학 지원한 거랑
관련해서 무슨 소식은 없니?

I checked last night and I cried.
저 어젯밤에 확인하고 울었어요.

What happened?
무슨 일인데? (어떻게 됐는데?)

I got accepted to all of my first choices.
저 1지망했던 학교에 전부 합격했어요.

Congratulations!
I knew you could do it.
It's unbelievable you are going to be
a college student soon.
정말 축하한다!
난 네가 해낼 줄 알았어.
네가 이제 곧 대학생이 된다는 게 믿기지 않는구나.

Thanks!
I couldn't have done this without you.
감사해요!
선생님 안 계셨으면 해내지 못했을 거예요.

---

news on ~ ~에 대한 소식 college application 대학 지원(서) get accepted 받아
들여지다 (위에서는 문맥상 '합격하다'라는 의미) first choice 1차 선택 (위에서는 문맥
상 자신이 가장 가고 싶어 '1지망으로 선택한 대학'을 의미)

졸업하게 된 걸 축하해 주기

미국인들은 '졸업'을 중요시 하고 이를 뜻깊게 여깁니다. 실제 미국 학교에서도 입학식은 그리 크게 열지 않지만 '졸업식'은 5월경 학제 시스템에 따라 학교 혹은 타 기관의 센터나 홀을 빌려 크게 여기는데, 이를 봤을 때에도 미국인들이 졸업에 얼마나 많은 의미를 부여하는지 잘 알 수 있습니다. 따라서 가까운 사람이 졸업하게 됐을 땐 'When and where is it going to be held?(졸업식은 언제 어디에서 열려?)'라고 물어보면서 졸업을 '축하한다(Congratulations)'고 챙겨 주면 상대방에 대한 나의 관심과 애정을 잘 드러낼 수 있습니다. 또한 졸업하게 된 이들은 졸업 후 새로운 삶의 장이 열리게 될 것이기 때문에 'I wish you the best of luck in your future.(너의 미래에(앞으로 너의 인생에) 최고의 운(가장 좋은 일)만 있길 바라.)'와 같은 덕담까지 곁들이면 더욱 좋습니다.

- When is your graduation?
  졸업이 언제야?

- Is it the beginning/end of __명사__ ?
  그게(졸업이) _____초/말인가?

- When and where is it going to be held?
  그건(졸업식은) 언제 어디에서 열려?

- It will take place at __시간__ in __장소__ .
  그건(졸업식은) _____에서 _____시에 열려.

- I wish you the best of luck in your future!
  앞으로 (네 인생에) 좋은 일들만 있기를 바라!

When is your graduation?
Is it the beginning of May?
졸업이 언제야?
5월 초인가?

No, it's at the end of May.
아니, 5월 말이야.

When and where is it
going to be held?
졸업식은 언제 어디에서 열려?

It will take place at 10
in M&N hall of the XYZ center.
XYZ 센터에 있는 M&N 홀에서
10시에 열려.

Congratulations!
I wish you the best of luck
in your future!
축하해! 앞으로 네 인생에
좋은 일들만 있기를 바라!

Thank you so much!
정말 고마워!

---

the beginning of ~ ~의 초기 at the end of ~ ~의 말에 hold (행사 등을) 개최
하다 (hold-held-held) take place (미리 준비되거나 계획된 일이) 개최되다, 일어나다
I wish you the best of luck. 행운을 빌게. (직역을 하면 '너에게 최고의 행운을 빈
다'는 뜻이며 위에서는 문맥상 '좋은 일들만 있기를 바란다'로 해석)

취업에 성공한 걸 축하해 주기

미국도 한국과 같이 전반적인 취업난, 불안전 고용 현상이 있는 등 취업이 마냥 쉽지만은 않습니다. 따라서 이처럼 취업이 힘든 상황 속에서 누군가 첫 직장에 입사하거나 새 직장으로 이직하는 데에 성공하게 되면 이를 진심으로 기뻐하며 축하해 줄 수 있을 텐데요. 예를 들어 누군가 자신이 꿈꾸던 직장에 들어가게 됐다고 했을 경우 'Awesome!(정말 끝내준다/잘됐다/대박!)'이라는 감탄사를 뱉으며 이들이 이뤄낸 성취에 대한 기쁨을 드러낼 수 있고, 이와 함께 'I'm so happy for you.(네가 잘돼서 정말 기뻐.), (Belated) congrats!((늦었지만) 축하해!)'와 같은 말로 취업 성공을 축하해 줄 수 있습니다. 참고로 'Awesome!'이란 표현은 무언가 굉장히 좋은 것을 보거나 혹은 굉장히 좋은 상황 속에서 보편적으로 쓰는 감탄사니 이를 잘 기억해 두고 활용하시면 좋습니다.

- How is your job search going?
  구직 활동은 어떻게 되고 있어?

- I finally got a good one ___때/시기___ .
  나 드디어 _____(인 때/시기)에 좋은 직장을 구했어.

- Awesome! So What is it?
  정말 잘됐다! 그게 어떤 일인데?

- I'm so happy for you. Belated congrats!
  네가 잘돼서 정말 기뻐. 늦었지만 축하해!

- I feel so grateful that I can support myself financially.
  내 스스로 밥벌이를 할 수 있게 됐다는 게 너무 감사해.

Talk 취직 여부를 묻기 ▶ 취직이 됐다고 언급 ▶ 취직 축하해 주기

Hey, Jake.
How is your job search going?
안녕 Jake. 구직 활동은 어떻게 되고 있어?

I finally got a good one last month.
It's a job I've been dreaming of.
지난달에 드디어 좋은 직장을 구했어.
내가 계속 꿈꿔 왔던 자리(일)야.

Awesome! So what is it?
정말 잘됐다! 어떤 일인데?

My priority was getting a full job
as a certified loan officer.
내가 제일 원했던 건 정규직 공인 대출
담당직으로 들어가는 거였어.

I'm so happy for you!
Belated congrats!
네가 잘돼서 정말 기뻐!
늦었지만 축하해!

Thanks! I feel so grateful that
I can support myself financially.
고마워! 내 스스로 밥벌이를 할 수
있게 됐다는 게 너무 감사해.

---

job search 구직 (활동) dream of ~ ~을 꿈꾸다 full (time) job 정규직 certified
공인된 loan officer 대출 담당직 feel grateful 고맙게 여기다 support myself
financially 경제적으로 자신을 돌보다 = 스스로 밥벌이를 하다

승진 & 출세한 걸 축하해 주기

누군가 회사에서 업무적으로 잘 나가거나 승진했다는 소식을 들었을 경우, 'I heard you ~.(너 ~했다고 들었어.), That's just great that ~.(~라니 그저 대단할 따름이다.)'와 같은 말로 상대방의 어깨를 한껏 올려 주며 축하의 인사를 건넬 수 있습니다. 참고로 미국에서는 누군가 승진했을 경우 승진 당사자의 친구나 동료가 간단한 파티를 열어 주기도 하고 혹은 당사자가 직접 파티를 열기도 하는데, 한국과 같이 '한턱 쏘는 문화'가 없기 때문에 파티 참석자들이 함께 돈을 모아 음식을 준비하거나 각자 먹을 것을 갖고 와서 나눠 먹는 식으로 파티를 엽니다. 그리고 미국에서는 '이메일(email)로 초대한다(invite)'라는 뜻의 'evite'란 말이 유행하면서 'send an evite(이메일 초대장을 보내다)'라는 표현 또한 즐겨 사용하니 이를 함께 알아 두시면 좋습니다.

- How is your work going?
  너 일은 어떻게 되고 있어? (= 하는 일은 잘 되고 있어?)

- That's just great that you __과거 동사__ .
  _____했다니 그저 대단할 따름이다.

- Thank you for being supportive.
  지지해 줘서(응원해 줘서) 고맙다.

- Let's have a party to celebrate your promotion.
  승진 기념 파티나 하자.

- I'll send my friends evites to __동사__ .
  내가 친구들한테 이메일 보내서 _____하자고 할게.

How is your work going, Jake? I heard you were selected as an employee of the month.
하는 일을 잘 되고 있어 Jake?
네가 이달의 (최고) 사원으로 뽑혔다고 들었어.

Yes, I was. I enjoy my job!
That's why I got promoted quickly.
응, 맞아. 나 정말 일을 즐기면서 하고 있거든!
그게 바로 내가 빠르게 승진한 이유지.

You got promoted already? Wow!
That's just great that you did it within a year.
벌써 승진이 됐다고? 와!
1년 만에 그렇게 됐다니 그저 대단할 따름이다.

Thank you for being supportive.
응원해 줘서 고맙다.

Let's have a party to celebrate
your promotion.
승진 기념 파티나 하자.

Absolutely! I'll send my friends evites
to grab a beer after work.
당연하지! 내가 친구들한테 이메일 보내서
퇴근 후에 맥주나 한잔 하자고 할게.

---

be selected as ~ ~로 뽑히다(선발되다) employee 직원 get promoted 승진하다
supportive 지지하는, 힘을 주는 evite 이메일 초대 ('이메일(email)로 초대한다(invite)'
는 의미) grab a beer 맥주를 한잔 하다

결혼하게 된 걸 축하해 주기

결혼은 인생의 중대한 결정인 만큼 의미가 깊고도 놀라운 소식이기 때문에 친구/지인이 결혼하게 되었다는 소식을 들었을 경우 'That's huge news!(그거 엄청난 소식이다! = 대박 뉴스다!)'라는 말로 기쁨과 놀라움을 표하면서 'I'm so happy for both of you.(너희 두 사람에게 정말 기뻐. = 너희 둘이 잘돼서 정말 기뻐.)'라는 말로 진심 어린 축하를 건네 주면 좋습니다. 또한 이와 함께 'better off((형편, 마음, 처지 등이) 더 나은/좋은)'이라는 표현을 써서 'You are better off together.(너희 둘은 같이 있으면 더 좋다니까/더 잘 된다니까.)와 같은 덕담도 덧붙이면 좋겠죠? 참고로 결혼과 관련해 'pop the question(청혼하다)'라는 표현이 있는데, 이 표현은 연인이 갑자기 생각지도 못했던 질문(question)을 불쑥 내놨다(pop)는 의미입니다.

- I have surprise news for you.
  네게 전할 깜짝 소식이 있어. (= 깜짝 놀랄 만한 소식이 있어.)

- __사람__ and I are getting married __시기__ .
  _____랑 나 _____(인 시기)에 결혼할 거야.

- __사람__ popped the question __시기__ .
  _____가 _____(인 시기)에 청혼했어.

- That's huge news! I'm so happy for both of you.
  대박 뉴스다! 너희 둘이 잘돼서 정말 기뻐.

- I know you are better off together.
  너희들은 같이 있어야 더 좋다는 걸 내가 안다니까.

Hi Danny, I have surprise news for you.
안녕 Danny, 깜짝 놀랄 만한 소식이 있어.

What is it?
그게 뭔데?

Sean and I are getting married next month!
He popped the question last month.
Sean이랑 나 다음 달에 결혼해!
그 사람이 지난달에 청혼했어.

That's huge news! I'm so happy for both
of you but isn't the timeline too tight?
대박 뉴스다! 너희 둘이 잘돼서 기쁘긴 한데
시간이 너무 촉박한 건 아냐?

It could be, but we will have
a small wedding at a church and
will invite only family and close friends.
그럴 수도 있는데, 교회에서 스몰 웨딩으로 할 거라
가족이랑 친한 친구들만 초대할 거야.

I get it! I know you are
better off together.
그렇구나! 너희들은 같이 있어야
더 좋다는 걸 내가 안다니까.

---

get married 결혼하다 pop the question 청혼하다 tight (여유가 없이) 빠듯한, 빡빡한 I get it. 알겠어. (위에서는 문맥상 '알겠어. = 무슨 말인지 이해했어. = 그렇구나.'로 해석됨) be better off (형편이) 더 나은, (마음이나 처지가) 더 좋은

임신/출산을 축하해 주기

영어에서는 갓난아기를 'a bundle of joy'라고 표현하기도 하는데, 이를 직역하면 '기쁨 덩어리'라는 뜻입니다. 그만큼 아이의 탄생을 큰 기쁨이자 축복으로 여긴다는 의미인데, 이처럼 임신과 출산은 국적을 떠나 축하하고 축복할 일일 것입니다. 따라서 누군가 임신했다는 소식을 들었을 경우엔 'How do you feel about becoming ~?(~가 되는 기분이 어때?)'라는 말로 부모가 되는 기분이 어떤지 물어보면서 'Congratulations (in advance) on the birth of your baby.(아이의 탄생을 (미리) 축하해.)'라는 말로 아이의 탄생, 혹은 아이가 탄생하게 될 것을 축하한다고 말해 주면 좋을 것입니다. 그리고 이때 아이의 성별을 이미 알고 있다면 'baby' 대신 'little prince/princess(아기 왕자님/공주님)'이란 표현을 써서 '아기 왕자님/공주님의 탄생을 축하한다'고 말해 줘도 좋겠죠?

- How many months pregnant are you?
  이제 임신 몇 개월이지?
- I'm __숫자__ month(s) and the baby is due in __기간__ .
  _____개월 됐고 _____ 후에 출산 예정이야.
- How do you feel about becoming a mom/dad?
  엄마/아빠가 되는 기분이 어때?
- Congratulations on the birth of __아기__ .
  _____의 탄생을 축하해.
- I hope you and the baby are healthy!
  너랑 아기 모두 건강하길 바라!

How many months pregnant are you?
이제 임신 몇 개월이지?

**I'm ten months and
the baby is due in a week.**
10개월 됐어. 다음 주에 출산 예정이고.

**You must be excited and nervous.
How do you feel about becoming a mom?**
들뜨기도 하면서 긴장되기도 하겠다.
엄마가 되는 기분이 어때?

**I can't wait to meet her. Other than that,
I don't have any motherly feelings yet.**
얼른 딸을 만나고 싶을 뿐이야. 그 외엔
아직 엄마라는 느낌이 실감이 안 나.

**Congratulations in advance on the birth
of your new little princess. I hope you
and the baby are healthy and doing great!**
아기 공주님의 탄생을 미리 축하하는 바야.
너랑 아기 모두 건강하게 잘 지냈으면 좋겠다!

**Thank you so much! Congratulations
in advance on becoming an aunt!**
정말 고마워! 너도 이모가 되는 거 미리 축하해!

---

excited 흥분되는, 들뜬 nervous 긴장되는, 예민한 motherly 엄마 같은, 자애로운
I can't wait to V. ~하는 게 너무 기다려져. (위에서는 문맥상 '빨리 ~하고 싶을 뿐이
야'라고 해석) in advance 미리, 앞서

Review & Practice

① _____

안녕 Kate, 대학 지원한 거랑 관련해서 무슨 소식은 없니?

_____ ②

나 1지망했던 학교에 전부 합격했어.

③ _____

정말 축하해! 난 네가 해낼 줄 알았어.

_____ ④

그나저나, Jake, 넌 구직 활동은 어떻게 되고 있어?

⑤ _____

난 지난달에 드디어 좋은 직장을 구했어.

_____ ⑥

네가 잘돼서 정말 기뻐! 늦었지만 축하해!

⑦ _____

그리고 나 깜짝 소식이 있어. Kim이랑 나 다음 달에 결혼해!

_____ ⑧

대박 뉴스다! 너희들은 같이 있어야 더 좋다는 걸 내가 안다니까.

⑨ _____

Rachel, 넌 이제 임신 몇 개월이지?

_____ ⑩

10개월 됐어, 다음 주에 출산 예정이고.

⑪ _____

아기 공주님의 탄생을 미리 축하하는 바야.

_____ ⑫

정말 고마워! 너도 이모가 되는 거 미리 축하해!

--- 정답 ---

① Hi Kate, any news on your college applications?

② I got accepted to all of my first choices.

③ Congratulations! I knew you could do it.

④ By the way, Jake, how is your job search going?

⑤ I finally got a good one last month.

⑥ I'm so happy for you! Belated congrats!

⑦ And I have surprise news for you. Kim and I are getting married next month!

⑧ That's huge news! I know you are better off together.

⑨ Rachel, how many months pregnant are you?

⑩ I'm ten months and the baby is due in a week.

⑪ Congratulations in advance on the birth of your new little princess.

⑫ Thank you so much! Congratulations in advance on becoming an aunt!

이웃 사귀기 ――― MISSION 1	친구 사귀기 ――― MISSION 2	파티 열고 즐기기 ――― MISSION 3
일상 대화 나누기 ――― MISSION 4	안부 주고받기 ――― MISSION 5	감사 인사 & 명절 인사 나누기 ――― MISSION 6
기쁜 일 함께하기 ――― MISSION 7	슬픈 일 함께하기 ――― MISSION 8	성격과 체질에 대해 이야기하기 ――― MISSION 9
별로인 사람에 대해 불평하기 ――― MISSION 10	똑 부러지게 거절하기 ――― MISSION 11	연애 하기 ――― MISSION 12
학교 생활하기 ――― MISSION 13	직장 생활하기 ――― MISSION 14	엘리베이터 안에서 대화하기 ――― MISSION 15

슬픈 일
함께하기

미국의 장례식 &
묘지 방문 문화 및
고인을 추모하는 방식

장례식장과 묘소를 방문할 땐 보통 엄숙한 분위기로 애도를 표하는 것이 기본 예의로 인식되고 있는데요. 미국에선 한국인이 잘 모를 수 있는 몇 가지 문상 예절 및 문화가 있으니 이를 잘 숙지해 두는 것이 좋습니다.

▶ 부고 소식에 대한 기본적인 인사말은 'I'm sorry'

미국에서는 부고 소식을 들었을 경우 'I'm sorry.(유감입니다.)'라는 말부터 합니다. 어쩌면 너무 뻔하고 식상한 말로 여겨져 뭔가 다른 말은 없을까 고민할 수도 있지만, 'I'm sorry'는 부고에 대한 가장 기본적인 인사말이기 때문에 이를 먼저 말한 후 다른 말을 덧붙이는 것이 좋습니다.

▶ 미국의 장례식장 복장 및 추모 방법

미국에서는 장례식에 참석할 때 주로 검은색 옷을 입지만 회색이나 남색과 같이 어두운 계열의 옷을 입기도 하고, 여성의 경우 얼굴을 가릴 수 있는 베일 달린 모자나 검은색 레이스 장갑을 착용하기도 합니다. 그리고 장례식장에서 유가족들은 큰 소리로 울지 않고 조용히 흐느끼듯 우는 편이며, 고인에게 애도를 표할 땐 유가족이나 고인과 친했던 사람이 고인을 기리며 써 온 편지를 읽으며 추모하기도 하고 흙으로 관을 덮기 전 한 명씩 고인의 관에 인사를 하며 흰 국화를 넣는 것으로 애도를 표하기도 합니다.

▶ 다과와 함께 스몰톡을 나누는 '장례식 후 리셉션'

장례식 후엔 유가족의 집에서 고인에 대한 추억을 되새기며 덕담이나 스몰톡, 혹은 잠깐이라도 웃을 수 있는 재미있는 대화를 유가족과 나누며 다과를 즐기는 리셉션이 열립니다. 따라서 이 같은 리셉션에 참석하게 됐을 경우 기회가 된다면 직접 준비한 음식(머핀, 간단한 케이크류나 라자냐 등)을 유가족에게 전하며 위로의 마음을 표하는 것도 좋습니다.

▶ 가벼운 마음으로 묘지를 방문하는 미국 문화

미국의 묘지는 공원 같은 분위기로 조성된 곳이 많고, 고인을 기리고 추억하고자 묘지를 방문할 땐 보통 꽃과 함께 묘지 주변을 밝은 분위기로 만들 수 있는 장식품을 많이 가져갑니다. 그리고 엄숙하고 슬픈 분위기로 고인을 기리고 오기보다는 가족과 함께 공원에서 피크닉을 즐기듯 가벼운 마음으로 즐기다 오는 일이 더 많습니다.

입시에 실패한 친구 위로하기

우리가 살면서 겪을 수 있는 실패엔 입시에 실패하는 것, 취직에 실패하는 것, 혹은 하는 일이 잘 안 풀리는 것 등 여러 가지가 있을 수 있습니다. 특히 '입시'의 경우 미국에서도 시험을 앞둔 학생들이 스트레스에 많이 시달리고 학위를 받아야 하는 분야일수록 경쟁이 더 치열해 힘들게 입시를 치르고도 대학에 떨어져 낙담하는 경우가 생길 수 있는데요. 이럴 땐 'It's not the end of the world.(그렇다고 해서 세상이 끝난 건 아냐. (그러니 힘내.))'라는 말을 건네며 'survive(살아남다, 이겨 내다)'라는 단어를 써서 'You will survive this.(넌 (이번 일을) 잘 이겨 낼 거야.)'라고 격려해 주면 좋을 것입니다.

- I was rejected by   명사(학교) .
  나 _____에 거절당했어(떨어졌어).

- I can't shake off the feeling that I'm a failure.
  내 자신이 실패자라는 느낌을 떨쳐낼 수가 없어.

- I'm so sorry to hear that.
  그 얘길 들으니 마음이 너무 안 좋네.

- It's not the end of the world.
  그렇다고 해서 세상이 끝난 건 아냐.

- A lot of people have survived worse things in their lives, you too will survive this.
  다른 많은 사람들도 살면서 더 나쁜 일도 이겨 내는데,
  너도 잘 이겨 낼 거야.

J was not accepted to the college he wanted.
That's so sad. Were you?
J는 가고 싶어 했던 대학에 떨어졌대.
너무 안타까워. 넌 어때?

I was rejected by the IVY
league schools.
나 IVY리그 대학에 다 떨어졌어.

Oh, I'm so sorry to hear that.
이런, 그 얘길 들으니 마음이 너무 안 좋네.

I can't shake off the feeling
that I'm a failure.
내 자신이 실패자라는 느낌을
떨쳐낼 수가 없어.

It's not the end of the world. A lot of people,
who aren't as strong as you, have survived worse
things in their lives. You too will survive this.
그렇다고 해서 세상이 끝난 건 아니잖아.
너만큼 강하지 못한 다른 많은 사람들도 살면서
더 나쁜 일도 이겨 내는데, 너도 잘 이겨 낼 거야.

You're right. Thanks for the pep talk.
네 말이 맞아. 격려해 줘서 고마워.

---

be not accepted to ~ ~에 받아들여지지 않다(떨어지다/불합격하다) shake off (생
각, 느낌 등을) 떨쳐 버리다 failure 실패, 불합격자(실패자) survive 살아남다 (위에서
는 문맥상 '이겨 내다'로 해석) pep talk 격려의 말, 격려 연설

취업에 실패한 친구 위로하기

살면서 맞닥뜨릴 수 있는 대표적인 실패 중 하나가 바로 '취업 실패'일 텐데요. 친구나 지인이 이 같은 취업 실패를 경험하고 낙담해 있을 땐 'I'm so sorry about that.(그랬다니 마음이 너무 안 좋네.)'라는 말과 함께 'I promise you that a better job is waiting for you.(내가 장담하는데 너한테 맞는 더 좋은 일자리가 기다리고 있을 거야.)'와 같이 말해 주면 상대방의 기운을 북돋아 줄 수 있을 것입니다. 또한 비슷한 실패 경험이 있을 경우 'You know, I failed ~.(너도 알지, 나 ~하게 실패했던 거(떨어졌던 거).)'와 같은 말로 자신의 실패 경험담까지 들려 주면 상대방의 아픔에 공감한다는 느낌을 줄 수 있습니다. 반대로 여러분이 이 같은 실패를 겪고 낙담해 있을 때 누군가 따뜻한 위로의 말을 건넸다면 'That's comforting.(그 말이 위안이 되네.)'와 같이 고마움을 표하면 좋습니다.

- I got rejected from __직장__ I applied for.
  나 지원한 _____에 떨어졌어.

- I'm so sorry about that.
  그랬다니 마음이 너무 안 좋네.

- You know, I failed __숫자__ times before I __과거 동사__.
  너도 알지, 나도 _____하기 전까지 _____번은 실패했던 거.

- I promise you that a better job is waiting for you.
  내가 장담하는데 너한테 맞는 더 좋은 일자리가 기다리고 있을 거야.

- That's comforting. Thank you for being supportive.
  그 말이 위안이 되네. 응원해 줘서 고마워.

How are things going with your job search?
직장 구하는 건 어떻게 돼 가고 있어?

I got rejected from every job I applied for.
나 지원한 일자리에 죄다 떨어졌어.

I'm so sorry about that. You know, I failed 10 times before I found a good one for me.
그랬다니 마음이 너무 안 좋네.
너도 알지, 나도 나한테 맞는 일자리 구하기 전까지 10번은 떨어졌던 거.

I know but I feel miserable!
알지만 너무 비참한 기분이 들어!

I promise you that a better job is waiting for you.
내가 장담하는데 너한테 맞는 더 좋은 일자리가 기다리고 있을 거야.

That's comforting. Thank you for being supportive.
그 말이 위안이 되네. 응원해 줘서 고마워.

---

job search 구직 활동 apply for ~ ~에 지원하다(신청하다) fail 실패하다 feel miserable 비참하다. 비참한 기분이(느낌이) 들다 comforting 위로가(위안이) 되는 supportive 지원하는. 힘이 되는 (이는 곧 '응원해 주는'으로 해석 가능)

연인과 이별한 친구 위로하기

연인과의 이별은 가슴에 큰 상처를 남길 뿐만 아니라 분노, 불안감, 외로움 등 심적으로 굉장히 안 좋은 감정을 불러올 수 있습니다. 따라서 가까운 친구가 연인과 이별해 낙담해 있을 경우, 한국에서도 누군가 이별하면 '더 좋은 사람 생길 거야'라고 다독여 주는 것과 같이 미국에서도 'You deserve someone better.(넌 더 좋은 사람 만날 거야.)' 혹은 'There is always a better one around the corner.(항상 가까운 곳에 더 좋은 사람이 있는 법이야.)'와 같은 말로 옛 애인보다 더 나은 사람이 나타날 것이니 낙담하지 말라고 격려하곤 합니다. 참고로 연인과 헤어져 표정이 어두워 보이는 친구에게 'What's wrong?(뭐 잘못됐어?)'라고 물어보면 어조에 따라서는 시비조로 들릴 수도 있으니 이보다는 'Why do you have a long face?(왜 이렇게 얼굴이 시무룩해?)' 또는 'What happened?(무슨 일이야?)'와 같이 물어보는 것이 좋습니다.

- **Why do you have a long face?**
  너 왜 시무룩한 얼굴인 거야? (= 왜 이렇게 얼굴이 시무룩해?)

- **Is everything ok with you?**
  너 괜찮아? (= 너 무슨 문제 있는 건 아니지?)

- **I broke up with 사람 .**
  나 _____와 헤어졌어.

- **There is always a better one around the corner.**
  항상 가까운 곳에 더 좋은 사람이 있는 법이야.

- **You deserve someone better.**
  넌 더 좋은 사람 만날 자격이 있어. (= 넌 더 좋은 사람 만날 거야.)

Hi, Jenn. Why do you have a long face?
Is everything ok with you?
안녕, Jenn. 왜 이렇게 얼굴이 시무룩해? 너 괜찮아?

Well, I have bad news.
그게, 좀 안 좋은 일이 있어.

What is it?
그게 뭔데?

I broke up with Max.
He left me for another girl.
나 Max랑 헤어졌어.
걔가 다른 여자가 생겨서 날 떠났어.

Really? How could he do that to you?
But don't worry, there is always a better one
around the corner. You deserve someone better.
정말? 걔가 너한테 어떻게 그럴 수가 있니?
하지만 걱정하지마. 항상 가까운 곳에 더 좋은 사람이
있는 법이야. 넌 더 좋은 사람 만날 거야.

I can't even process what's happening now.
But thanks for being so concerned.
지금은 이 일을 감당하는 것조차 힘들어.
하지만 이렇게 걱정해 줘서 고마워.

---

long face 시무룩한 얼굴 (long face(긴 얼굴) = 입꼬리가 축 늘어져 시무룩해진 얼굴)
around the corner 코앞에. 목전에 can't process what's happening now 지금
일어나고 있는 일을 처리하지 못하다 = 지금 이 일을 감당하기 힘들다

집안에 우환이 있는 친구 위로하기

집안에 안 좋은 일이 있거나 가족이 아파 걱정에 휩싸여 있을 때 누군가 자기 일처럼 걱정하며 위로의 말을 건네면 큰 힘이 됩니다. 이처럼 가까운 친구의 집에 우환이 있을 경우, 특히 가족 중 한 명이 아파 근심에 차 있을 때 'hold up(견디다, 버티다)'라는 표현을 써서 'How's A holding up?(A는 어떻게 견디고 있어? = A는 좀 어때?)'와 같이 안부를 물어볼 수 있고, 이때 가족이 많이 아프다고 한다면 'I'm so sorry to hear that.(그런 소릴 들으니 마음이 많이 안 좋네.)'라는 말로 상대방의 걱정에 공감하고 있음을 보여 주면 됩니다. 여기에 'I'm sure A will make it.(난 A가 이겨 낼 거라고 확신해. = A는 분명 잘 이겨 낼 거야.), I'll be there for you.(내가 널 위해 거기 있을게. = 내게 네 곁에 있을게.)'와 같은 말까지 덧붙이면 더욱 고맙고 든든한 느낌이 들겠죠?

- How's __가족__ holding up?
  _____는 좀 어때?

- Your __가족__ is a strong man/woman.
  너희 _____는 강한 사람이야.

- I'm sure __가족__ will make it.
  _____는 분명 잘 이겨 낼 거야.

- I'll be there for you.
  내가 네 곁에 있어 줄게.

- I'm glad you're in my life.
  내 인생에 네가 있어 참 기뻐(정말 감사해).

How's your mom holding up?
어머니께서는 좀 어떠셔?

She is still in ICU and it's very touch and go.
아직 중환자실에 계시는데 상황이 많이 위태위태해.

I'm so sorry to hear that.
Your mom is a strong woman and
I'm sure she will make it.
그런 소리 들으니 마음이 많이 안 좋네.
너희 어머닌 강한 분이시니까
분명 잘 이겨 내실 거야.

Thanks! I'm really afraid she won't make it.
고마워! 어머니께서 못 이겨 내실까 봐 너무 걱정 돼.

You were a great support for me
when my dad passed away.
I'll be there for you!
우리 아버지 돌아가셨을 때 네가 나한테
큰 힘이 돼 줬잖아. 내가 네 곁에 있어 줄게.

Thanks! I'm glad you're in my life.
Having good friends makes things easier.
고마워! 내 인생에 네가 있어 정말 감사해.
좋은 친구가 있다는 건 뭐든 더 수월하게 만들어.

---

hold up 견디다 ICU(intensive care unit) 중환자실 touch and go 위태위태한(아
슬아슬한) 상태 make it (심각한 질병/사고 후에) 살아남다. 이겨. 내다 I'm afraid ~.
~일까 봐 걱정 돼(불안해). support 도움, 힘, 버팀목 pass away 사망하다

일이 잘 안 풀리는 친구 위로하기

친구나 지인을 만났을 때 흔히 던질 수 있는 안부 인사 중 하나가 바로 '요즘 일은 어때? / 사업은 잘 되고 있어?'와 같이 하는 일은 어떤지를 묻는 질문인데, 만약 상대방이 일이 잘 안 풀려 걱정이라고 푸념할 경우 한국어로도 '언젠간 웃으면서 지금 이때를 돌아보게 될 거야'라는 말로 위로하는 것처럼 영어로도 'We'll look back on this day and laugh.(언젠가 이때를 돌아보며 웃게 될 날이 올 거야.)'라는 말로 위로를 건넬 수 있습니다. 또한 상대방이 토로한 어려움에 진심으로 놀라며 걱정했음을 보여 주고 싶을 땐 'I don't know what to say.((그 같은 어려움을 겪고 있다니) 무슨 말을 해야 할지 모르겠다.)'와 같이 말하면서 'I am sorry.(마음이 안 좋다. = 마음이 착잡하네.)'라고 덧붙이면 상대방의 아픔과 어려움에 진심으로 공감함을 보여 줄 수 있습니다.

- How's your business going?
  일은 잘 되고 있어?

- I hate to say this but it's terrible.
  이런 말 하기 싫지만 정말 최악인 상황이야.

- Things didn't go well as I/we planned.
  일이 내가/우리가 계획한 대로 잘 풀리질 않더라.

- I don't know what to say. I am sorry.
  무슨 말을 해야 할지 모르겠다. 마음이 착잡하네.

- We'll look back on this day and laugh.
  언젠가 이때를 돌아보며 웃게 될 거야(웃게 될 날이 올 거야).

How's your business going?
일은 잘 되고 있어?

I hate to say this but it's terrible.
I think we'll have to sell our store soon.
이런 말 하기 싫지만 정말 최악인 상황이야.
아무래도 조만간 가게를 팔아야 할 것 같아.

Really? But you two worked hard without
ever taking a single day off.
정말? 하지만 너희 두 사람 단 하루도 쉬는 날
없이 정말 열심히 일했잖아.

Yes, we did but things didn't
go well as we planned.
맞아, 그랬지, 하지만 일이 우리가
계획한 대로 잘 풀리질 않더라.

I don't know what to say. I am sorry.
But we'll look back on this day and laugh.
무슨 말을 해야 할지 모르겠다. 마음이 착잡하네.
하지만 언젠가 이때를 돌아보며 웃게 될 날이 올 거야.

Yeah.. I have been knocked down
but I'll get up again.
그래.. 쓰러졌지만 다시 일어날 거야.

---

terrible 형편없는, 최악인 take ~ day(s) off ~일 만큼 쉬다 go (on) well 잘 되어
가다 as we planned 우리가 계획한 대로 look back on ~ ~을 돌아보다 be
knocked down 쓰러지다 get up 일어나다, 일어서다

Scene 060

삶의 의욕을 잃은 친구 위로하기

나쁜 일이 연달아 일어나고 있다고 말하고 싶을 땐 'a streak of bad luck(불운(악재)의 연속)'이라는 표현을 써서 'have had a streak of bad luck(불운이 연속되고 있다)'라고 말하는데, 그 같은 불운이 과거 특정 시점부터 현재까지 쭉 일어나고 있다고 말해야 하므로 '현재완료' 시제를 써서 말합니다. 이처럼 안 좋은 일이 잇따라 터져 삶에 대한 회의를 느끼는 친구가 있을 경우, 'Just like how good times don't last forever, neither do bad times.(좋은 날이 영원하지 않은 것처럼, 나쁜 날도 영원하지 않아.), It seems tough now, but you will overcome this.(지금은 힘든 것 같지만, 넌 극복하게 될 거야.), You can 동사 later.(넌 나중에 ~할 수 있어.)'와 같은 말로 격려해 주면 좋을 것입니다.

- These days I have had a streak of bad luck.
  요즘은 불운(악재)의 연속이야.

- I've been in pain from   명사 .
  나 _____ 때문에 (몸이) 아파.

- Just like how good times don't last forever, neither do bad times.
  좋은 날이 영원하지 않은 것처럼, 나쁜 날도 영원하지 않아.

- It seems tough now, but you will overcome this.
  지금은 힘든 것 같지만, 넌 극복하게 될 거야.

- The pain will heal and you can   동사   later.
  아픈 건 낫게 될 거고, 넌 나중에 _____ 할 수 있어.

These days I have had a streak of bad luck.
요즘 정말 악재의 연속이다.

 What is going on?
무슨 일인데?

**My business went bankrupt and
I've been in pain from a car accident.**
사업은 부도났고 교통사고까지 당해서 몸도 아파.

Really? Oh, I'm so sorry about that.
정말? 어휴, 그런 일이 있었다니 너무 마음 아프다.

**I have been a good person and a hard worker
but this is how I've been repaid. Life seems unfair.**
지금껏 착하게 열심히 일하며 살았는데 그 대가가 이거라니.
인생은 불공평한 것 같아.

**Just like how good times don't last forever,
neither do bad times. I know it seems tough
now but you will overcome this. The pain will
heal and you can make more money later.**
좋은 날이 영원하지 않은 것처럼, 나쁜 날도 영원하지 않아.
지금은 힘들다는 거 알아, 하지만 넌 극복하게 될 거야.
아픈 건 낫게 될 거고, 돈은 나중에 더 많이 벌 수 있어.

---

a streak of bad luck 불운의 연속 go bankrupt 파산하다 car accident 차 사고,
교통사고 be repaid 보상(보답)을 받다 unfair 불공평한 tough 힘든, 어려운
overcome 극복하다 heal 치유되다, 낫다 make money 돈을 벌다

Review & Practice

① _____

안녕 Jenn. 너 왜 이렇게 얼굴이 시무룩해?

_____ ②

나 Max랑 헤어졌어. 걔가 다른 여자가 생겨서 날 떠났어.

③ _____

정말? 하지만 걱정 마. 넌 더 좋은 사람 만날 거야.

_____ ④

고마워. 그나저나, 너희 어머니는 좀 어떠셔?

⑤ _____

아직 중환자실에 계시는데 상황이 많이 위태위태해.

_____ ⑥

그런 소리 들으니 마음이 안 좋네. 하지만 분명 잘 이겨 내실 거야.

⑦ _____

고마워! 내 인생에 네가 있어 정말 감사해.

_____ ⑧

Mike, 넌 사업은 잘 되고 있어?

⑨ _____

이런 말 하기 싫지만 정말 최악인 상황이야.

_____ ⑩

무슨 말을 해야 할지 모르겠다. 마음이 착잡하네.

⑪ _____

지금껏 열심히 일하며 살았는데 그 대가가 이거라니.

_____ ⑫

지금은 힘들다는 거 알아, 하지만 넌 극복하게 될 거야.

정답

① Hi, Jenn. Why do you have a long face?

② I broke up with Max. He left me for another girl.

③ Really? But don't worry, you deserve someone better.

④ Thanks. By the way, how's your mom holding up?

⑤ She is still in ICU and it's very touch and go.

⑥ I'm so sorry to hear that. But I'm sure she will make it.

⑦ Thanks! I'm glad you're in my life.

⑧ Mike, how's your business going?

⑨ I hate to say this but it's terrible.

⑩ I don't know what to say. I am sorry.

⑪ I have been a hard worker but this is how I've been repaid.

⑫ I know it seems tough now but you will overcome this.

이웃
사귀기

MISSION 1

친구
사귀기

MISSION 2

파티 열고
즐기기

MISSION 3

일상 대화
나누기

MISSION 4

안부
주고받기

MISSION 5

감사 인사
& 명절 인사
나누기

MISSION 6

기쁜 일
함께하기

MISSION 7

슬픈 일
함께하기

MISSION 8

성격과
체질에 대해
이야기하기

MISSION 9

별로인
사람에 대해
불평하기

MISSION 10

똑
부러지게
거절하기

MISSION 11

연애
하기

MISSION 12

학교
생활하기

MISSION 13

직장
생활하기

MISSION 14

엘리베이터
안에서
대화하기

MISSION 15

성격과 체질에 대해 이야기하기

체질과 성격 차이에서 오는 한국인과 미국인의 생활 및 문화 차이

▶ 영어에는 '체질'이란 단어가 없다?

동양 문화권에서는 사람이 날 때부터 지니고 있는 몸의 신체적 특질인 '체질'에 대한 개념이 보편화되어 있는 편인데, 미국에선 이러한 '체질'에 대한 개념도 거의 없고 영어에도 이에 딱 맞는 단어가 없습니다. 왜냐하면 미국인들은 '살이 잘 찌는 체질, 추위/더위를 잘 타는 체질'과 같은 것은 개인의 타고난 체질이 아니라 각 개인이 처한 상황이나 환경의 영향을 받아 나타나는 것으로 보기 때문입니다.

▶ 따뜻한 것을 좋아하는 한국인 vs 차가운 것을 좋아하는 미국인

미국인과 한국인의 체질상 두드러지는 차이점 중 하나는 (물론 모두가 그런 것은 아니겠지만) 한국인은 따뜻한 것을 좋아하는 반면 미국인은 차가운 것을 좋아하고 추위를 잘 타지 않는다는 것입니다. 예를 들어, 한국인은 더위를 심하게 느낄 때 얼음물을 마시고 그렇지 않을 땐 잘 마시지 않는 편이지만, 미국인은 물과 음료를 마실 때 얼음을 기본으로 넣어 마십니다. 따라서 식당이나 비행기에서 따로 얼음을 빼달라고 요청하지 않으면 얼음을 넣은 음료가 나옵니다. 또한 한국인은 쌀쌀한 기운이 느껴지기 시작하면 겉옷을 걸치고 따뜻한 음료를 마시며 추위를 피하려고 하는 반면 미국인은 쌀쌀한 기운 정도는 대수롭지 않게 여기며 장대비가 쏟아질 때를 제외하고는 비가 와도 우산을 잘 쓰지 않습니다. 참고로 미국인들은 이러한 차이점도 체질이 아닌 개인이 처한 상황과 환경에 의한 것이라 여기기 때문에 타고난 것이라 여기지 않습니다.

▶ 미국인에게 호감 혹은 비호감인 성격은?

미국인은 자기 표현이 정확하고 외향적이며 독립적인 성격을 좋아합니다. 따라서 남녀가 데이트를 할 때에도 상대방에게 지나치게 의존하는 것을 좋게 보지 않습니다. 또한 한국에서는 상대방에게 사랑받고자 아이처럼 목소리를 내거나 귀여운 척을 하는 '애교'를 떨곤 하는데, 미국인에게 이 같은 한국식 '애교'를 떨게 되면 오히려 다 큰 성인이 아이처럼 징징거리는 모습으로 비쳐져 이상한 모습으로 간주됩니다. 이처럼 미국에는 이 같은 '애교'와 관련된 문화 자체도 없고 이에 해당하는 영어 단어나 표현도 없으니 미국인과 데이트를 할 경우 이러한 행동은 삼가는 것이 좋겠죠?

가족의 성격이 어떤지 이야기하기

자녀가 있는 사람들끼리 대화할 땐 보통 자녀의 '성격'에 대해서도 이야기 하게 되는데, 자녀의 성격이 어떤지 묻고 싶을 땐 'personality(성격)'이란 단어를 써서 'What is A's personality?(A의 성격은 어떤가요?)'라고 묻지 말고 'What is ~ like?(~은 어떤가요?)'라는 구문을 써서 'What is A like?(A는 어떤가요? = A는 성격이 어때요?)'와 같이 물어야 자연스럽습니다. 그리고 이에 대해 답할 땐 'A is 형용사.(A는 ~해요.)'라는 구문에 'outgoing(사교적인), spirited(활발한)' 등과 같은 표현을 넣어 자녀의 성격을 묘사하면 되는데요. 단, 자녀의 성격이 에너지가 넘친다고 생각하여 'energetic(힘이 넘치는)'이라고 하게 되면 '에너지를 주체하기 힘들어 가만히 있지 못하고 많이 움직이며 돌아다닌다'는 의미로 전달될 수 있으니 이를 잘 알아 두는 것이 좋습니다.

- What is __사람__ like?
  _____는 어떤가요? (= _____는 성격이 어떤가요?)

- He/She is (very) __형용사__ .
  걔는 (굉장히) _____해요.

- He/She likes to __동사__ .
  걔는 _____하는 걸 좋아해요.

- It is important for kids to learn __명사__ .
  아이들이 _____을 익히는 건 중요하죠.

- He/She is so __형용사__ that it makes me tired.
  걔는 너무 _____해서 그게 절 피곤하게 해요.

What is Leah like?
Leah는 성격이 어떤가요?

She is very outgoing and spirited.
What about Ari?
Leah는 굉장히 사교적이고 활발해요.
Ari는 어떤가요?

She likes to make friends.
She is a social butterfly.
Ari는 친구 사귀는 걸 좋아해요.
사람들과 아주 잘 어울리죠.

I see. It is important for kids
to learn social skills.
그렇군요. 아이들이 사회성을
기르는 건 중요하죠.

I think so but sometimes she is
so energetic that it makes me tired.
저도 그렇게 생각하는데, 가끔은 Ari가
너무 에너지가 넘쳐서 그게 절 피곤하게 해요.

Understood. So is Leah.
이해해요. Leah도 그렇거든요.

---

outgoing 외향적인, 사교적인 spirited 활발한, 활기가 넘치는 make friends 친구를
사귀다, 친구가 되다 social butterfly 사교성이 뛰어난 사람, 사람들과 어울리기 좋아
하는 사람 social skills 사회성, 사교 능력 energetic 에너지가 넘치는, (가만히 앉아
있지 않고) 분주히 움직이는

마음씨 따뜻한 사람에 대해 이야기하기

친구들과 어울리거나 직장 생활을 하다 보면 주변 사람들을 잘 챙겨 주는 '마음씨 따뜻한' 사람들이 있기 마련인데요. 이런 사람을 두고 '그 사람은 참 마음씨가 따뜻해'와 같이 말하며 칭찬하고 싶을 땐 'warm heart(따뜻한 마음)'이라는 표현을 써서 'A has a warm heart.(A는 마음씨가 따뜻해.)'라고 말하면 됩니다. 그리고 이렇게 마음이 따뜻한 사람들은 다른 이들을 신경 쓰고 잘 배려하기 때문에 'caring(배려하는, 보살피는)'이라는 단어를 써서 'A is a caring person/friend.(A는 배려심 많은 사람/친구야.)'라고 말할 수도 있습니다. 그리고 이와 더불어 이 사람이 착하고 배려심이 많아 '누구나 이 사람을 좋아한다'고 말하고 싶을 땐 'That's why everyone loves him/her.(그래서 사람들이 다 그 사람을 좋아하는 거야.)'라고 하면 됩니다.

- I saw ___사람___ ___동사-ing___ for you.
  난 _____가 너를 위해(너에게) _____하는 것을 봤어.

- How nice of him/her!
  걔 정말 친절하다(착하다)!

- He/She has a warm heart.
  걔는 마음씨가 따뜻해.

- He/She wants to share good things with ___사람___.
  걔는 좋은 건(좋은 게 있으면) _____와 나누고 싶어 해.

- That's why everyone loves him/her.
  그래서 모든 사람들이 걔를 좋아하는 거야.

Hey Ella, I saw Judy bringing a hot coffee
and a donut for you.
티나야, 나 Judy가 너한테 뜨거운 커피랑 도넛
가져다 주는 거 봤어.

She did. I'm having a really bad day today
and she wanted to comfort me.
응, 그랬어. 나 오늘 굉장히 안 좋은 일이 있었는데
걔가 날 위로해 주고 싶었대.

Aww.. How nice of her!
와.. 걔 정말 착하다!

Exactly! I already feel better knowing that
I have a caring friend like her.
맞아! 걔처럼 챙겨 주는 친구가 있다는 사실
하나만으로도 벌써 기분이 좋아져.

She has a warm heart and wants to help other
people and share good things with them.
걘 마음씨가 따뜻해서 그런지 다른 사람들을 도와주려
그러고 좋은 게 있으면 나누고 싶어 하더라고.

She does! That's why everyone loves her.
정말 그래! 그래서 사람들이 다 걜 좋아하는 거지.

---

bring 가지고 가다 have a bad day 안 좋은 날이다 (위에서는 문맥상 '안 좋은 일이
있다'라고 해석) feel better 기분이 좋아지다. 기분이 낫다 comfort 위로하다. 달래
다 caring 보살피는. 배려하는 have a warm heart 인정이 두텁다. 마음씨가 따뜻하
다 share ~ with A ~을 A와 공유하다(나누어 갖다)

똑 부러지는 사람에 대해 이야기하기

직장에서 일을 빠르게 처리하는 똑 부러지는 사람을 칭찬하고 싶을 땐 'get one's work done quickly(일을 빨리 끝내다)'라는 표현을 써서 'A gets his/her work done quickly.(A는 일을 빨리 해.)'라고 말하면 되며, 또는 'diligent(성실한)'이라는 표현을 써서 'I think A is the most diligent worker. (난 A가 제일 성실한 직원인 것 같아.)'라고 칭찬할 수도 있습니다. 그리고 사람의 성격에 따라 '별명'을 붙여 말하기도 하죠? 만약 '그 사람 별명이 ～ 야'라고 말하고 싶다면 'His/Her middle name is ～.'라고 하면 됩니다. '별명'은 'first name(이름), middle name(가운데 이름), last name(성)'으로 된 영어 이름 중 가운데 이름으로 쓰일 만큼 그 사람의 개성을 잘 나타낸다는 뜻에서 'middle name'이라 하게 된 것이니 참고해 두세요.

- _사람_ really gets his/her work done quickly.
  _____는 정말 일을 빨리 해.

- He/She finishes his/her work as soon as he/she gets it.
  그 사람은 일을 받자마자 바로 끝내 버려.

- That's why his/her middle name is _별명_ .
  그래서 그 사람 별명이 _____잖아.

- He/She is a fast learner and does his/her job perfectly.
  그 사람은 뭐든 금방 배우고 일을 완벽하게 처리해.

- I think he/she is the diligent worker.
  난 그 사람이 제일 성실한 한 직원인 것 같아.

K really gets his work done quickly, right?
K 씨는 정말 일을 빨리 해, 그치?

That's why his middle name is "Flash".
He finishes his work as soon as he gets it.
그래서 그 사람 별명이 "Flash(번개)"잖아.
일을 받자마자 바로 끝내니까.

I think he is the most diligent worker
in our department.
난 그 사람이 우리 부서에서
제일 성실한 직원인 것 같아.

Agreed! He is also a fast learner
and does his job perfectly.
인정! 또 그 사람은 뭐든 금방 배우고
일도 완벽하게 처리하잖아.

That's why everyone likes him.
I'm wondering how he manages the time.
그래서 모두들 그 사람을 좋아하는 거야.
난 그 사람이 시간 관리는 어떻게 하는지 궁금해.

Me too.
나도.

---

get one's work done 일을 다하다 middle name (성과 이름 사이에 쓰는) 가운데 이름 finish 끝내다, 마치다 as soon as ~ ~하자마자, ~하자 곧 diligent 근면한, 성실한 department 부서 perfectly 완벽하게 wonder 궁금해하다 manage 관리하다, (쉽지 않은 일임에도 불구하고) 잘 해내다

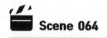

의지가 강한 사람에 대해 이야기하기

실제 미국인들 사이에서도 집중력과 의지가 강한 성격은 높이 평가되는 인성 중 하나인데요. '집중력이 강하다, 의지가 강하다'는 말은 영어로 'be good at concentrating on ~(~에 집중하는 것을 잘하다), have a strong will power(강인한 의지력을 갖고 있다)'와 같이 말할 수도 있겠지만 일상생활에서는 'stay focused/concentrated on ~(~에 꾸준히 집중하다), keep pushing oneself until achieving one's goal(~의 목표를 이룰 때까지 계속해서 스스로를 채찍질하다), never give up(절대 포기하지 않는다)'와 같은 표현을 써서 말하는 것이 훨씬 자연스럽습니다. 그리고 이처럼 의지력이 강한 사람에게 그 비결을 묻고 싶을 땐 'How do you ~?(어떻게 그렇게 ~하시나요?), What is your secret?(비결이 뭔가요?)'와 같이 물어볼 수도 있겠죠?

- How do you stay focused on __명사__ ?
  어떻게 그렇게 _____에 꾸준히 집중하실 수 있는 거죠?

- You never look tired.
  단 한 번도 지쳐 보인 적이 없으세요.

- What is your secret?
  비결이 뭔가요?

- Have you ever wanted to give up?
  포기하고 싶었던 적은 없으신가요?

- I try to keep pushing myself until achieving my goal.
  저는 목표를 이룰 때까지 계속해서 제 자신을 채찍질해요.

**How do you stay focused on your goals?
You never look tired.**
어떻게 그렇게 목표에 꾸준히 집중하실 수 있는 거죠?
단 한 번도 지쳐 보인 적이 없으세요.

Of course, I get tired.
당연히 저도 지치죠.

What is your secret?
비결이 뭔가요?

**There is no secret. I just try to keep
pushing myself until achieving my goal.**
비결 같은 건 없어요. 그냥 목표를 이룰 때까지
계속해서 제 자신을 채찍질하는 거죠.

Have you ever wanted to give up?
다 포기하고 싶었던 적은 없으신가요?

**No. If you REALLY want something
and have a clear goal, then you can be
laser focused until your dream comes true.**
없어요. 뭔가를 간절히 바라면
분명한 목표가 생기고, 그러면 꿈을 이룰 때까지
고도로 집중하는 것이 가능합니다.

---

stay 유지하다, 계속 ~한 상태로 있다 focus on ~ ~에 집중하다 goal 목표 tired
피곤한, 지친 secret 비밀, 비결 push myself 나 자신을 채찍질하다 achieve one's
goal 목표를 달성하다 give up 포기하다 clear 분명한, 명확한 laser focused 고도
로 집중한 상태인 come true 이루어지다, 실현되다

공격적인 사람에 대해 이야기하기

사람들과 어울리다 보면 '성격이 사납고 드센 사람'이 있기 마련인데, 이처럼 누군가의 성격이 공격적이라 말하고 싶을 땐 'aggressive(공격적인), feisty(혈기왕성한, 거침없는)'과 같은 단어를 써서 묘사할 수 있습니다. 단, 이 같은 단어만으로 그 사람의 성격을 단편적으로 말하기보다는 '어떤 일이 있었기에 그 사람 성격이 그렇다고 생각했는지'까지도 세세히 말해야 정보가 보다 객관적으로 전달할 수 있습니다. 참고로 미국에서는 데이트 상대가 폭력적인 모습을 보일 경우 이를 매우 민감한 사안으로 받아들여 법적으로 강경하게 대응하기 때문에 만약 친구나 직장 동료가 자신의 데이트 상대가 이러한 공격적인 성향이 있다고 말한다면 'When does he/she seem aggressive?(그 사람이 언제 공격적인 것처럼 보이는데?)'와 같이 물어보며 이야기를 잘 듣고 조언해 주는 것이 좋습니다.

- I don't know if I want to keep seeing A or not.
  나 A를 계속 만나고 싶은 건지 아닌지 잘 모르겠어.

- He/She is aggressive and feisty.
  그 사람은 공격적이고 거침이 없어.

- When does he/she seem aggressive?
  그 사람이 언제 공격적인 것처럼 보이는데?

- He/She got into a fight with 사람 in 장소 .
  그 사람이 _____에서 _____와 싸움이 붙었어.

- He/She thought 사람 was/were staring at us.
  그 사람은 _____가 우릴 째려봤다고 생각하더라고.

Hi Jen, how was your date?
안녕 Jen, 데이트는 어땠어?

**It wasn't bad but I don't know
if I want to keep seeing him or not.**
나쁘진 않았는데 그 사람을 계속 만나고
싶은 건지 아닌지 잘 모르겠어.

What do you mean 'if'?
'싶은 건지 아닌지'가 무슨 의미야?

**He's smart and funny
BUT also aggressive and feisty.**
똑똑하고 재미있기도 하지만
공격적이고 거침없기도 하거든.

When does he seem aggressive?
언제 공격적인 것처럼 보이는데?

**The other night, he got into a fight with
another customer in a restaurant just because
he thought they were staring at us.**
지난 밤에, 그 사람이 식당에서 다른 손님이랑
싸움이 붙었는데, 그 사람들이 우릴 째려봤다는
생각이 들었다는 게 싸운 이유의 전부야.

---

keep V-ing 계속 ~하다 smart 똑똑한 funny 재미있는 aggressive 공격적인, 난폭
한 feisty 혈기왕성한, 거침없는, 사나운 the other night 지난 밤, 요전 날 밤
customer 손님, 고객 get into a fight with ~ ~와 싸움에 휘말리다, ~와 싸움이
붙다 stare at ~ ~를 뚫어져라 쳐다보다, 째려보다

내성적인 사람에 대해 이야기하기

조용하고 내성적인 성격의 사람일수록 말수가 적고 표현을 잘 하지 않기 때문에 다투거나 싸웠을 때 화해하기가 쉽지 않습니다. 이렇듯 누군가의 성격이 '조용하고 내성적'이라 말하고 싶을 땐 'quiet(조용한, 차분한), reserved(내성적인)'이란 단어를 써서 말하면 되며, 단 'timid(소심한, 용기가 없는)'과 같은 단어로 묘사하게 되면 '겁 많은 쫄보'라는 이미지를 풍길 수 있으니 조심해야 합니다. 또한 예민하고 잘 삐지는 성격은 'sulky(부루퉁한, 뚱한)'과 같은 단어로 묘사하기보다는 'sensitive and emotional(예민하고 감정적인)'과 같은 단어로 묘사해야 훨씬 더 자연스럽게 잘 통할 수 있습니다. 참고로 친구나 직장 동료가 누군가와 싸웠을 땐 'Did you make up with ~?(너 ~와는 화해했어?)'라고 물어보되 아무리 친한 사이라도 이것저것 너무 자세히는 묻지 않는 것이 좋습니다.

- Did you make up with __사람__ ?
  너 _____랑 화해는 했어?

- I tried to make up with __사람__ .
  난 _____와 화해해 보려고 노력은 했어.

- I called(went to see) him/her but nothing worked.
  걔한테 전화했지만(걔를 보러 갔지만) 아무 소용없었어.

- He/She is quiet and reserved.
  걔는 차분하고 내성적이야.

- He/She is sensitive and emotional.
  걔는 예민하고 감정적이야.

What's up, Jack?
Did you make up with Soo?
어떻게 지내 Jack? 너 Soo랑 화해는 했어?

No, not really.
아니. 그렇지도 않아.

Why not? Didn't you have that
argument a month ago?
왜? 너희 싸운 거 한 달 전 아니었어?

Yeah.. I tried to make up with her.
I called and went to see her
but nothing worked.
맞아.. 걔랑 화해해 보려고 노력은 했어.
전화도 하고 보러도 갔지만 아무 소용없었어.

Don't you like her because
she is quiet and reserved?
너 걔가 차분하고 내성적이어서
좋아하는 거 아니었어?

I did. But now I know she's just
sensitive and emotional.
그랬지. 그런데 지금은 걔가 그냥 예민하고
감정적일 뿐이란 걸 알겠어.

---

make up with ~ ~와 화해하다 argument 언쟁, 말다툼 work 효과(소용)가 있다
quiet 조용한, 차분한 reserved 내성적인, 속마음을 드러내지 않는, 말수가 없는
sensitive 예민한, 민감한 emotional 감정적인

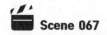

게으른 사람에 대해 이야기하기

한국에서는 빠른 일 처리가 생활화되어 있는 반면 미국에서는 빨리 해야 한다는 개념이 거의 없기 때문에 직원이 알아서 잘 하고 있을 거란 믿음으로 기다리는 일이 많습니다. 따라서 무책임한 직원이 있어도 상사가 이에 대해 '언급'을 할 수는 있지만 인신공격을 하듯 대놓고 질타하게 되면 문제가 될 수 있기 때문에 직접적인 비난을 하는 일은 거의 없습니다. 다만 일 처리가 느리고 게으른 사람에 대한 '뒷담화' 정도는 하게 되는데요. 이때 누군가의 일 처리가 너무 느리고 게으르다고 말하고 싶을 땐 'work like a sloth(나무늘보처럼 일한다 = 일 처리가 너무 느리다), lazy(게으른), slow(느린)'과 같은 표현을 써서 묘사할 수 있으며, 또한 '일을 미루는 버릇, 꾸물대는 습관'을 콕 집어 말하고 싶을 땐 'procrastination'이란 단어를 써서 말하면 됩니다.

- He/She said he/she needed more time to __동사__ .
  그 사람이 _____하는 데 시간이 더 필요하다고 하네요.

- It was supposed to be done __기간__ ago.
  그거 _____ 전에 끝내기로 했던 거라고요.

- He/She is working like a sloth.
  그 사람은 일 처리가 너무 느리다니까.

- Every time I ask A to put a rush on it, he/she __동사__ .
  A 씨에게 좀 서둘러 달라고 할 때마다 그 사람은 _____해요.

- He/She reluctantly __동사__ .
  그 사람은 마지못해 _____한다니까요.

Hey, K! Have you checked with Anna to see if she's done with the work I asked for.
K 씨! 제가 부탁한 일 Anna 씨가 끝냈는지 확인해 봤어요?

Yes, I have. But she said she needed more time to take care of it.
네, 했는데 일 처리에 시간이 더 필요하다네요.

It was supposed to be done a week ago. She is working like a sloth.
그거 일주일 전에 끝내기로 했던 거라고요.
Anna 씨는 일 처리가 너무 느리다니까.

I agree. She should know that procrastination affects our performance.
맞아요. 그렇게 꾸물대는 게 우리 실적에 영향을 준다는 걸 Anna 씨가 알아야 돼요.

Every time I ask her to put a rush on it, she reluctantly says yes.
내가 좀 서둘러 달라고 부탁할 때마다 마지못해 '네'라고 말한다고요.

You know, taking care of lazy, slow or lethargic people is actually the hardest job.
아시잖아요, 게으르고 느리거나 무기력한 사람들을 관리하는 게 제일 힘든 일이라니까요.

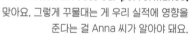

work like a sloth 나무늘보처럼 일하다. 일 처리가 너무 느리다 performance 성과. 실적 put a rush on ~ ~을 서둘러 하다 reluctantly 마지못해 lethargic 무기력한

 **Scene 068**

 MP3 068

산만한 사람에 대해 이야기하기

스몰톡과 농담을 꽤 즐겨 하는 미국인들도 때와 장소를 가리지 않고 수다
를 떠는 산만한 사람은 그리 좋아하지 않을 것입니다. 이처럼 누군가가 쉴
새 없이 '수다스럽다'고 말하고 싶을 땐 'talkative(수다스러운, 말이 많은)'이
라는 단어를 써서 묘사할 수 있는데요. 단, '(지나칠 정도로) 수다스럽다'라
는 의미가 아닌 '평소 잡담과 농담을 즐겨 한다'는 식으로 말하고 싶을 땐
'A likes to chat and joke.(A는 수다를 떨고 농담하길 좋아해.)'와 같이 말
하면 됩니다. 또한 'A can't keep his/her hands to oneself.(A는 손을 가만
히 두질 못해.), 'I can't concentrate on ~.(내가 ~에 집중할 수가 없어.), It
bothers me.(그게 날 너무 괴롭혀/신경 쓰이게 해.)'와 같이 주변 사람이 수
다스럽고 산만한 것으로 인해 받는 고충도 함께 토로할 수 있겠죠?

- __사람__ is so talkative that I can't __동사__ .
  _____가 어찌나 말이 많은지 내가 _____할 수가 없어.

- I can't concentrate on my work.
  내가 일에 집중을 할 수가 없어.

- He/She can't keep his/her hands to himself/herself.
  그 사람은 손을 가만히 두지를 못해.

- It really bothers me.
  그게 정말 나를 신경 쓰이게 해. (= 그게 너무 신경 쓰여.)

- Sounds like you are tired.
  너 지친 것처럼 들린다.

It is so quiet and peaceful. I love it!
정말 조용하고 평온하다. 너무 좋아!

That's a funny thing for you to say.
Don't you like to chat and joke all the time?
네가 그런 말 하니깐 좀 웃긴 걸.
년 항상 수다 떨고 농담하기 좋아하는 거 아니었어?

I do but not always. My coworker sitting
next to me is so talkative that I can't
concentrate on my work.
좋아하지, 하지만 항상 그렇진 않아.
내 옆에 앉아 있는 회사 동료가 어찌나 말이 많은지
내가 일에 집중을 할 수가 없다니까.

Sounds like you are tired.
너 지친 것처럼 들린다.

Of course, I am. And she can't keep her
hands to herself. It really bothers me.
당연히 지치지. 그리고 그 사람은 손을 가만히
두지를 못해. 그게 너무 신경 쓰여.

I get it. Just tell her!
뭔지 알겠다. 그냥 그 사람한테 말해!

---

peaceful 평화로운, 평온한 funny 웃기는 (평소와 다른 행동을 해서 '웃기다'라고 할 때에도 쓰임) chat 담소, 수다를 떨다 joke 농담(을 하다) all the time 항상, 언제나 coworker (직장) 동료 concentrate on ~ ~에 집중하다 tired 피로한, 지친 bother 신경 쓰이게 하다, 괴롭히다, 성가시게 굴다

살찌는 체질에 대해 이야기하기

동양 문화에서는 '체질'이란 개념이 보편화되어 있지만, 미국엔 '체질'이란 개념이 없기 때문에 미국인들은 이를 잘 이해하지 못합니다. 따라서 영어 사전에 나오는 'constitution(체질)'이라는 단어를 그대로 써서 'My constitution is to gain weight easily.(내 체질은 살이 쉽게 찌는 거야. = 난 살이 쉽게 찌는 체질이야.)'라고 해도 미국인들은 이를 잘 이해하지 못할 것입니다. 따라서 'constitution'과 같은 단어를 써서 체질을 설명하는 대신 'Eating even a little 음식 makes me gain weight.(난 ~을 아주 조금만 먹어도 살이 붙어.)'와 같은 식으로 구체적으로 풀어서 설명하는 것이 좋습니다. 그리고 살이 잘 찌는 체질이라 다이어트 중이라고 말하고 싶다면 'be on a diet(다이어트 중이다)'라는 표현을 써서 'I'm on a diet (now).(난 (지금) 다이어트 중이야.)'라고 말하면 됩니다.

- Do you want something to nibble on?
  뭐 간단히 먹을 것(간단한 주전부리) 좀 줄까?

- __음식__ is/are so __형용사__ and is/are fat-free.
  이 _____가 진짜 _____해, 게다가 무지방이고.

- No thanks, I'm fine. I'm on a diet now.
  아냐, 괜찮아. 나 지금 다이어트 중이야.

- __음식__ won't hurt.
  _____가 해가 되진 않아. (= _____ 먹는다고 지장 있진 않아.)

- Eating even a little __음식__ makes me gain weight.
  난 _____을 아주 조금만 먹어도 살이 붙어.

Do you want something to nibble on?
뭐 간단한 주전부리 좀 줄까?

No thanks, I'm fine.
아냐, 괜찮아.

You sure? These chips are so crispy and are fat-free.
정말? 이 감자칩 진짜 바삭바삭해,
게다가 무지방이고.

I'm on a diet now.
나 지금 다이어트 중이야.

Are you?
One chip won't hurt.
그래? 칩 하나 먹는다고 지장 있진 않아.

It may not hurt you but eating even a little junk food makes me gain weight.
너한테는 지장 없겠지,
하지만 난 인스턴트 음식
아주 조금만 먹어도 살이 붙는다니까.

---

nibble on ~ ~을 조금씩(야금야금) 먹다 crispy 바삭바삭한 fat-free 무지방의 be on a diet 다이어트 중이다. 체중 조절 중이다 won't hurt 해가 되지 않을 것이다 (일상생활에서 '크게 잘못되지 않는다. 나쁠 것 없다. 지장 없다'라는 의미로 많이 쓰임) gain weight 살이 찌다(붙다). 체중이 늘다

허약한 체질에 대해 이야기하기

앞서도 언급했듯이 미국엔 '체질'이란 개념이 없기 때문에 '살이 잘 안 찌는 체질'을 묘사할 때에도 'do not gain weight easily(살이 쉽게 찌지 않는다)'와 같이 풀어서 말하는 것이 좋습니다. 그리고 살이 잘 안 쪄서 허약한 체질일 경우 'I feel dizzy when I ~.(난 ~할 때 어지럼증을 느껴.)'와 같이 증상을 설명하거나 이 같은 체질을 위해 의사나 전문가가 권한 식이요법을 따르고 있을 경우 'A suggested I eat 음식.(A라는 선생님이 ~을 먹으라고 하셨어.)'와 같이 말할 수도 있습니다. 참고로 한국에서는 '말랐다, 날씬하다'라는 말이 칭찬처럼 받아들여지는데 미국에서는 사실상 칭찬에 속하는 말이 아닙니다. 따라서 미국에서 날씬한 체형을 가졌다고 칭찬하고 싶을 땐 '(지방 없이 근육이 탄탄해) 날씬/호리호리하다(be slender/lean)'라고 표현하는 것이 좋습니다.

- I need some __음식__ .
  나 _____ 좀 먹어야겠어.

- You just had a big/huge __아침/점심/저녁__ .
  너 금방 _____을 엄청 많이 먹었잖아.

- __의사/전문가__ suggested I eat __음식__ .
  _____ 선생님이 나한테 _____(을) 먹으라고 하셨어.

- You are so lucky that you don't gain weight easily.
  넌 살이 쉽게 안 찌니 정말 복 받았어.

- I feel dizzy when I skip even one meal.
  난 한 끼만 건너뛰어도 어지럼증을 느껴.

I need some snacks.
Do you want something?
나 간식 좀 먹어야겠어. 너도 먹을래?

Are you kidding?
You just had a big breakfast.
진심이야?
너 금방 아침 엄청 많이 먹었잖아.

The acupuncturist suggested I eat whatever
and whenever I want to boost my energy.
침술사 선생님이 나한테 뭐든 가리지 말고
기운 내고 싶을 때마다 잘 먹으라고 하셨어.

You are so lucky that
you don't gain weight easily.
넌 살이 쉽게 안 찌니 정말 복 받았다.

Yeah... but I feel dizzy when I skip
even one meal. It's terrible.
그렇긴 하지... 하지만 난 한 끼만 건너뛰어도
어지럼증을 느껴. 정말 최악이야.

I'm sorry about that.
그거 참 안됐다.

Are you kidding? 너 장난(농담)해? (일상생활에서 어떤 사실에 대해 '(장난이 아닌) 진
짜야?'라고 물을 때 많이 쓰임) acupuncturist 침술사 suggest 제안하다 (문맥상 상
대에게 '~하라고 하다'라고 권유하는 말) boost one's energy ~의 에너지(원기)를
북돋우다 feel dizzy 어지럽다. 현기증(어지럼증)을 느끼다

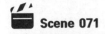

더위에 약한 체질에 대해 이야기하기

'더위/추위'와 관련해서도 이를 잘 타고 안 타는 체질이 있을 수 있는데요. 앞서도 말했지만 '체질'이란 개념은 미국에 없기 때문에 '더위/추위를 잘 타는 체질'이란 말을 'I can't stand the heat/cold.(난 더위/추위를 못 참아.)' 와 같이 풀어서 설명하는 것이 좋습니다. 특히 더위에 약한 체질인 사람은 하루 종일 에어컨을 틀어 놓고 지내다가 한여름에 감기에 걸리는 일도 종종 생기곤 하는데요. 이럴 땐 'keep the A/C on all day long(에어컨을 하루 종일 켜 놓다), catch a cold during this hot summer(이렇게 더운 여름에 감기에 걸리다)'와 같은 표현을 써서 자신의 여름 생활 패턴을 설명할 수도 있을 것입니다. 덧붙여 이 같은 친구가 있을 경우 'fight fire with fire(이열치열)'이란 말을 건네며 '더위를 식히는(cool down/off)' 방법을 소개하는 것도 좋겠죠?

- · I caught a cold during this hot summer.
  나 이 더운 여름에 감기에 걸렸어.

- · I can't(couldn't) stand the heat.
  더위를 참을 수가 없어(없었어).

- · I kept the A/C on all day long.
  나 하루 종일 에어컨을 켜 놨었어.

- · If you feel hot then eat something hot.
  더우면 (오히려) 뜨거운 걸 먹도록 해.

- · You can cool down by   동사-ing .
  _____하면 열기를 식힐 수 있어.

I can't believe I caught a cold during this hot summer.
이렇게 더운 여름에 감기에 걸렸다니,
정말 믿을 수가 없어.

How did you get it?
어쩌다가 걸린 거야?

 I couldn't stand the heat so I kept the A/C on all day long.
더위를 참을 수가 없어서 하루 종일
에이컨을 켜 놨었거든.

Oh, no. Have you heard of the expression, 'Fight fire with fire'?
에고, 그럼 안 돼.
너 '이열치열'이라는 말 들어 본 적 있어?

 What do you mean?
그게 무슨 뜻인데?

If you feel hot then eat something hot. You can cool down by perspiring.
더우면 오히려 뜨거운 걸 먹으라는 거야.
땀을 흘리면 열기를 식힐 수 있거든.

I can't believe ~. ~라는 걸 믿을 수가 없어. ('~라는 게 말이 되니?'라는 뉘앙스의 말) stand 견디다, 참다 heat 열(기) A/C(air conditioner) 에어컨 all day (long) 하루 종일 expression 표현, 말 fight fire with fire 이열치열이다 cool down/off 식다(시원해지다) perspire 땀을 흘리다, 땀이 나다

Scene 072

추위에 약한 체질에 대해 이야기하기

미국인들은 날씨나 계절에 대한 이야기를 나눌 때 보통 'I'm not a big fan of
~ weather.(난 ~한 날씨는 별로 좋아하지 않아.), I can't stand ~ weather.
(난 ~한 날씨는 못 참아.), I hate ~ weather.(난 ~한 날씨가 싫어.)'와 같이
어떤 날씨나 계절을 기피하는지에 대해 묻고 답하며 스몰톡을 이어 가는 경
우도 많은데요. 이처럼 어떤 날씨나 계절이 좋고 싫은지 묻고 답하다가 자연
스럽게 더위/추위를 잘 타는지 여부도 언급하게 되는데, 앞서도 말했듯이 미
국엔 '체질'이란 개념이 없기 때문에 'I'm sensitive to the cold/heat.(난 추
위/더위에 민감해.), I get a cold easily.(난 감기에 잘 걸려.)'와 같이 풀어서
설명하는 것이 좋습니다. 참고로 'bundle up(옷을 겹겹이 껴입다)'와 같은 표
현을 알아 두고 추위를 잘 타서 겨울에 두껍게 껴입는다는 말도 해 보면 좋
겠죠?

- Do you like hot weather or cold weather?
  넌 더운 게 좋아, 추운 게 좋아?

- I hate hot(cold) weather.
  난 더운(추운) 날씨가 싫어. (= 난 더운(추운) 게 싫어.)

- I'm sensitive to the cold(heat).
  난 추위(더위)에 민감해.

- I get a cold easily.
  난 감기에 잘 걸려.

- I would choose the 계절1 over the 계절2 .
  난 계절2 보다 계절1 을 택할 거야.

Do you like hot weather or
cold weather?
넌 더운 게 좋아, 추운 게 좋아?

Neither!
둘 다 싫어!

I hate cold weather. I'm sensitive to
the cold so I get a cold easily.
난 추운 게 싫어. 난 추위에 민감해서
감기에 잘 걸리거든.

But I would choose the winter
over the summer.
하지만 난 여름보다는 겨울을
택할 거야.

Why?
왜?

We can bundle up as much as
we want to defend us from the cold
but we can't stay naked in hot weather.
추위야 우리가 피하고 싶은 만큼
옷을 겹겹이 껴입을 수 있지만
더울 땐 홀딱 벗고 있을 수가 없잖아.

---

neither (둘 중) 어느 것도 ~아니다 bundle up 따뜻이 둘러싸다. (따뜻하게) 옷을 겹
겹이 껴입다 as much as ~ ~만큼 많이 defend A from ~ ~으로부터 A를 지키다
(위에서는 문맥상 '~을 피하다'로 해석 가능) stay naked 홀딱 벗고 있다

Review & Practice

① _____
K 씨는 정말 일을 빨리 해, 그치?

② _____
인정! 그 사람은 뭐든 금방 배우고 일도 완벽하게 처리한다니까.

③ _____
그리고 마음씨가 따뜻해서 그런지 다른 사람들을 도와주려 그러고.

④ _____
그래서 모두들 그 사람을 좋아하는 거야.

⑤ _____
그런데 Anna 씨는 일 처리가 너무 느려.

⑥ _____
맞아. 좀 서둘러 달라고 부탁할 때마다 마지못해 '네'라고 한다니까.

⑦ _____
게으르고 느리거나 무기력한 사람들 관리하는 게 제일 힘든 일이야.

⑧ _____
그리고 내 옆에 앉은 동료는 말이 너무 많아서 일에 집중을 못하겠어.

⑨ _____

너 지친 것처럼 들린다. 그냥 그 사람한테 말해!

_____ ⑩

어쨌든, 난 간식 좀 먹어야겠어. 너도 먹을래?

⑪ _____

아니, 됐어. 넌 살이 쉽게 안 찌니 정말 복 받았다.

_____ ⑫

하지만 난 한 끼만 건너뛰어도 어지러워. 정말 최악이야.

정답

① K really gets his work done quickly, right?

② Agreed! He is also a fast learner and does his job perfectly.

③ And he has a warm heart and wants to help other people.

④ That's why everyone likes him.

⑤ But Anna is working like a sloth.

⑥ I agree. Every time I ask her to put a rush on it, she reluctantly says yes.

⑦ Taking care of lazy, slow or lethargic people is actually the hardest job.

⑧ And my coworker sitting next to me is so talkative that I can't concentrate on my work.

⑨ Sounds like you are tired. Just tell her!

⑩ By the way, I need some snacks. Do you want something?

⑪ No thanks. You are so lucky that you don't gain weight easily.

⑫ But I feel dizzy when I skip even one meal. It's terrible.

이웃
사귀기

MISSION 1

친구
사귀기

MISSION 2

파티 열고
즐기기

MISSION 3

일상 대화
나누기

MISSION 4

안부
주고받기

MISSION 5

감사 인사
& 명절 인사
나누기

MISSION 6

기쁜 일
함께하기

MISSION 7

슬픈 일
함께하기

MISSION 8

성격과
체질에 대해
이야기하기

MISSION 9

별로인
사람에 대해
불평하기

MISSION 10

똑
부러지게
거절하기

MISSION 11

연애
하기

MISSION 12

학교
생활하기

MISSION 13

직장
생활하기

MISSION 14

엘리베이터
안에서
대화하기

MISSION 15

별로인 사람에 대해 불평하기

비호감인 사람에 대한 '뒷담화', 미국에선 어떻게 할까?

'비호감'인 사람이 있을 땐 가까운 사람에게 그 사람에 대한 불평을 늘어 놓으며 '뒷담화'를 하고 싶을 때가 있습니다. 그렇다면 미국에서는 이 같은 '뒷담화'를 어떻게 하는지 한번 살펴볼까요?

▶ 미국인은 낯선 사람들끼리도 뒷담화를 한다?

미국인은 낯선 사람이라 해도 눈이 마주치면 웃으며 인사하고, 문을 열고 들어갈 때도 뒤에 있는 낯선 이를 위해 문을 잡아 주는 등 '낯선 사람'에게도 친절하게 매너를 갖추며 편히 인사하고 대화합니다. 여기서 재미있는 것은 이 같은 낯선 사람들과 '뒷담화'도 잘 한다는 것인데요. 예를 들어 낯선 이들 간에 일반적인 매너로 받아들여지는 행동, 즉 '웃으며 인사하기, 문 잡아 주기, 스몰톡이나 농담 주고받기' 등의 행동에서 약간이라도 예의에 벗어난 행동을 한 사람이 있다면 그 행동을 관찰한 사람이 낯선 제3자와 뒷담화를 하거나 혹은 여러분에게 뒷담화를 건네 올 수 있습니다. 물론 모든 미국인들이 이 같이 행동하는 것은 아니겠지만, 이 같은 행동 패턴이 있다는 것을 알아 두고 공공장소에서의 에티켓을 지키고 이 같은 뒷담화에도 대처할 수 있도록 하는 것이 좋습니다.

▶ 미국인이 뒷담화를 건네 온다면 어떻게 대응할까?

미국에서는 예를 들어 향수를 진하게 뿌리고 엘리베이터에 탄 누군가로 인해 향수 냄새가 진동했을 경우, 그 사람이 내린 후 남은 사람들끼리 뒷담화를 하며 웃기도 합니다. 또한 줄을 서 있을 때 누군가 소란스럽거나 특이한 행동을 했을 경우 그 사람이 사라지는 순간 뒷담화가 시작될 수도 있는데요. 이때 누군가 여러분에게 '아까 그 사람 ~하지 않았어요?'라고 뒷담화를 걸어 왔는데 그저 고개만 끄덕이거나 'Yes, Ok'라고만 호응한다면 대화가 어색해질 수 있습니다. 따라서 누군가 뒷담화를 걸어 왔을 땐 같이 웃어 주며 'I know(그래요.), You got it.(맞아요.), Agreed.(동감이에요.)'와 같은 말로 상대방의 말에 공감을 표한 후 날씨와 같은 주제로 센스 있게 대화를 전환하면 좋습니다. 특히 낯선 미국인과 눈이 마주쳤을 때 어떻게 반응해야 할지 몰라 얼굴이 굳어지거나 아예 모른 척하며 지나치는 경우가 있을 수 있는데, 이렇게 하면 우리가 화가 났다고 오해하여 다른 제3자와 이에 대해 뒷담화를 할 수도 있으니 주의해야 합니다.

이기적인 사람에 대해 불평하기

사람들과 부대끼며 살다 보면 좋은 사람들뿐만 아니라 타인의 감정을 상하게 하는 인성이 별로인 사람들도 만나게 되는데요. 그 중 대표적인 캐릭터 하나가 바로 '이기적인' 성격을 가진 사람일 것입니다. 이 같은 이기적인 성격은 'selfish(이기적인), self-centered(자기중심적인)'과 같은 단어로 묘사할 수 있는데 이는 한국말로 '싸가지 없다'라고도 해석 가능하며, 이와 더불어 'never listen to anyone(남의 말은 하나도 안 듣는다), make all about oneself(모든 것을 자기 자신에 대한 것으로 만든다 = 다 자기에 대한 것(말) 뿐이다)'와 같은 말로 어떻게 이기적인지도 콕 집어 설명할 수 있습니다. 그리고 누군가 이 같이 말했을 때 '맞다'라고 공감해 주고 싶다면 'You can say that again!(너 그 말 다시 해도 돼! = (그 말을 다시 해도 될 만큼) 완전 공감이야!)'라고 하면 됩니다.

- __사람__ is always bragging about __자랑거리__ .
  _____는 항상 _____에 대해 자랑하더라.

- He/She makes it all about himself/herself.
  걔는 뭐든 다 자기에 관한 것뿐이지.

- It proves how selfish he/she is.
  그게 바로 걔가 얼마나 이기적인지를 잘 보여 주는 거야.

- He/She is a loser who __동사__ .
  걘 _____해서 손해를 본다니까.

- He/She should learn to care about other people.
  걘 다른 사람을 챙길 줄 좀 알아야 돼.

**Jason is always bragging about himself
and never listens to anyone.**
Jason은 항상 자기 자랑만 하고
남의 말은 하나도 안 들어.

He is. He makes it all about himself.
맞아. 걔는 뭐든 다 자기에 관한 것뿐이지.

It proves how selfish he is.
그게 바로 걔가 얼마나 이기적인지를
잘 보여주는 거야.

**Right! He is a loser who makes
other people hate him.**
그러니깐! 걘 다른 사람들이 자길
싫어하게 만들어서 손해를 본다니까.

**I agree! Since he is so self-centered, he has
no friends around to be happy for him.**
맞아! 걘 너무 자기중심적이라 걜 위해
기뻐해 줄 친구조차 한 명 없는 거야.

**You can say THAT again! He should learn
to share and care about other people.**
완전 동감이야! 걘 좀 나눌 줄도 알아야 되고
다른 사람을 챙길 줄도 알아야 돼.

---

brag about ~ ~에 대해 자랑하다(떠벌리다) prove 입증(증명)하다 selfish 이기적인
loser 실패자, (특정 행동/결정 때문에) 손해를 보는 사람 care about ~ ~에 마음을
쓰다, ~을 배려하다, ~에 관심을 가지다

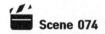

거만한 사람에 대해 불평하기

남을 무시하는 '거만한 성격'은 'snobbish(우월감에 젖어 있는, 고상한 체하는), judgmental(남을 잘 비판(평가)하는)'과 같은 단어로 묘사할 수 있는데, 누군가의 성격이 이 같이 거만하다고 묘사할 땐 'I feel really bad about what A said to me.(A가 나한테 한 말 때문에 나 정말 기분 나빠.), A said ~.(A가 ~라 그러더라고.)'와 같은 설명을 곁들이며 '그렇기 때문에' 그 사람이 우월감에 빠져서 남을 무시하는 성격인 것 같다고 털어놓는 것이 좋습니다. 반대로 누군가가 거만한 주변인 때문에 기분이 나쁘다고 토로했을 땐 'Did something happen between you two?(너희 둘 사이에 무슨 일 있었어?), Tell me about it.(나한테 말해 봐.)'와 같이 적극적으로 묻고 호응해 줘야 상대방의 말을 잘 경청하고 있다는 인상을 줄 수 있습니다.

- I feel really bad about what ___사람___ said to me.
  _____가 나한테 한 말 때문에 정말 기분 나빠.

- He/She is snobbish and judgmental.
  걔는 우월감에 빠져 있고 남을 잘 비판해.

- He/She said I would never catch up to him/her.
  걔는 내가 자길 절대 따라잡을 수 없을 거라 그러더라.

- Who the hell he/she think he/she is!
  걘 도대체 자기가 뭐라고 생각하는 거야!

- I want to kick his/her ass!
  걔 엉덩이를 차 주고 싶다! (= 진짜 본때를 보여 주고 싶다!)

I feel really bad about what Kate said to me.
Kate가 나한테 한 말 때문에 정말 기분 나빠.

Did something happen between you two?
너희 둘 사이에 무슨 일 있었어?

I already know she is snobbish and judgmental.
걔가 우월감에 빠져 있고 남을 잘 비판한다는
건 이미 알고 있긴 하지만.

What did she do to you? Tell me about it.
걔가 너한테 뭘 어쨌는데? 나한테 말해 봐.

She said I would never catch up to her because she graduated from a better school and has rich parents.
자기는 더 좋은 학교를 졸업했고 부모님도 부자니까
내가 자길 절대 따라잡을 수 없을 거라 그러더라.

Who the hell does she think she is!
I want to kick her ass!
걘 도대체 자기가 뭐라고 생각하는 거야!
진짜 본때를 보여 주고 싶다!

---

snobbish 우월감에 젖어 있는, 고상한 체하는 judgmental (남에 대해) 잘 비판하는,
비판적인 catch up to ~ ~을 따라잡다 Who the hell does he/she 동사? 걘 도대
체 뭘 ~하는 거야? kick one's ass ~의 엉덩이를 차주다 (위에서는 문맥상 '(엉덩이
를 차 줄 만큼) 혼을 내 주다, 본때를 보여 주다'로 해석)

교활한 사람에 대해 불평하기

사회 생활을 하다 보면 자신이 원하는 것을 얻기 위해 무엇이든 서슴지 않고 하는 '교활한' 사람을 만나게 되곤 하는데요. 이 같은 사람은 'liar(거짓말쟁이), backstabber(배신자)' 같은 인물이라 지칭하면서 'greedy(욕심이 과도한)' 성격을 가졌다고 곧잘 묘사됩니다. 그리고 누군가가 이 같이 교활하다고 말할 땐 'A took credit for B's work(A가 B의 공로를 가로챘다), A is capable of doing anything to get what he/she wants(A는 자신이 원하는 걸 얻기 위해서라면 뭐든지 할 수 있는 사람이다)'와 같은 구체적인 설명을 덧붙이며 '왜' 그 사람이 교활하다고 생각하는지도 말하게 됩니다. 참고로 상대방과 내가 모두 알고 있는 공통된 인물에 대해 대화할 땐 'Don't tell me that A ~.(설마 A가 또 ~한 건 아니겠지.)'와 같은 말로 맞장구 치며 대화할 수 있습니다.

- Don't tell me that A __과거 동사__ again.
  설마 A가 또 _____한 건 아니겠지.

- Everyone but __사람__ knows he/she __동사__.
  그 사람이 _____한다는 건 _____만 빼고 다 알지.

- He/She takes credit for other people's work.
  그 사람은 다른 사람들 공로를 가로채.

- He/She is always so greedy.
  그 사람은 항상 욕심이 과해.

- He/She is capable of doing anything to __동사__.
  그 사람은 _____하기 위해선 뭐든지 할 수 있는 사람이야.

If I were Max, I would tell everyone what kind of person J actually is!
내가 Max 씨라면 J 씨가 실제로 어떤 인간인지 사람들한테 다 말했을 거야!

Don't tell me that J took credit for Max's work again.
설마 J씨가 또 Max 씨의 공을 가로챈 건 아니겠지.

Yes, he did it AGAIN! Such a liar and a backstabber!
응, 또 그랬다니까! 완전 거짓말쟁이에 배신자야!

Everyone but the boss knows he takes credit for other people's work.
그 사람이 다른 사람들 공을 가로채 가는 건 사장님만 빼고 다 알고 있잖아.

It's just unbelievable! He is always so greedy.
그저 믿기지 않아! 그 사람은 항상 욕심이 과해.

He is capable of doing anything to get what he wants.
그 사람은 자기가 원하는 걸 얻기 위해선 뭐든지 할 수 있는 사람이야.

---

take credit for one's work ~의 공로를 가로채다 liar 거짓말쟁이 backstabber 배신자, 비열한 사람 unbelievable 믿을 수 없는, 믿기지 않는 greedy 탐욕스러운, 욕심이 많은 be capable of V-ing ~할 수 있다

불만투성이인 사람에 대해 불평하기

매사에 '불만, 불평'이 가득한 사람이 주변에 있으면 정신적으로 굉장히 지치게 됩니다. 이 같이 매사에 불만투성이인 사람에 대해 말할 땐 'A complains about everything.(A는 모든 것에 대해 불평해. = A는 모든 게 불만이야.)'와 같은 말로 묘사하면서 'I'm sick and tired of A 동사-ing.(난 A가 ~하는 거에 완전히 질렸어.), A drives me/other people crazy.(A는 나를/다른 사람들을 미치게 해.)'와 같은 말로 이 사람으로 인해 얼마나 지치고 피곤한지 등을 말하게 되며, 참고로 불만 불평이 많은 사람은 'whiner, complainer'이라고 합니다. 또한 이 같은 사람들은 소위 '남 탓'을 하는 경향도 많기 때문에 'blame ~ for one's mistake(자신의 실수에 대해 ~을 비난하다 = 자신의 실수에 대해 ~의 탓을 하다)'와 같은 말로도 묘사할 수 있습니다.

- I'm sick and tired of __사람__ being a whiner.
  나 _____가 투덜대는 거에 완전 질렸어.

- He/She complains about everything.
  그 사람은 모든 걸 불평해. (= 그 사람은 모든 게 불만이야.)

- Did he/she complain about something again?
  그 사람 또 뭐가 불만이었던 거야?

- It drives __사람__ crazy.
  그게 _____을 미치게 하지.

- He/She always blames __사람__ for his/her mistakes.
  그 사람은 자기가 실수한 걸 항상 _____ 탓을 해.

I'm sick and tired of Jack being a whiner.

나 Jack 씨가 투덜대는 거에 완전 질렸어.

Did he complain about something again?

그 사람 또 뭐가 불만이었던 거야?

You know, he complains about everything.

너도 알겠지만 그 사람은 모든 게 불만이잖아.

Everyone knows that and it drives other workers crazy.

그 사람 그런 거 다 알고 있잖아, 그게 다른 직원들을 미치게 하는 거고.

What's worse, he always blames other people for his mistakes.

더 최악인 건 그 사람은 자기가 실수한 걸 항상 남들 탓을 한다는 거야.

I hate that too! I'm sure he is a jerk!

그건 나도 진짜 싫어! 그 사람은 정말 구제불능인 게 분명해!

---

whiner 투덜대는 사람, 징징대는 사람 drive ~ crazy ~을 미치게 하다 what's worse 한술 더 떠서 (위에서는 문맥상 '더 최악인 건'이라고 해석) blame A for ~ ~에 대해 A를 비난하다 jerk 얼간이 (위에서는 문맥상 '구제불능'이라 해석)

화를 잘 내는 사람에 대해 불평하기

작은 일에도 쉽게 화를 내고 난폭해지는 사람에 대해 말할 땐 'get angry easily(쉽게 화를 내다), get violent(난폭해지다), yell at me(내게 소리를 지르다), throw things(물건들을 집어던지다)'와 같은 말들로 그 사람의 폭력적인 성향을 묘사하게 됩니다. 참고로 미국에서도 데이트 및 가정 폭력이 빈번히 일어나 일반 경찰서에 데이트 및 가정 폭력에 대한 대처법과 신고 방법에 대한 소책자가 여러 나라의 언어로 번역되어 비치된 것을 볼 수 있는데요. 미국에서는 이 같은 데이트 및 가정 폭력의 원인이라 할 수 있는 이성 친구나 배우자의 '분노조절장애'와 관련해 전문 상담가의 치료를 권하는 일이 많고, 이땐 외과/내과 진료를 받기 위해 병원에 간다는 뉘앙스의 'go see a doctor(병원에 가다)'가 아닌 'go to therapy(치료 받으러 가다)'라는 표현을 써서 말합니다.

- I had a big fight with __사람__ .
  나 _____와 크게 싸웠어.

- He/She gets angry easily over small things.
  걔는 사소한 거에 화를 잘 내.

- He/She has an anger issue.
  걔는 분노조절장애가 있어.

- He/She needs to go to therapy.
  걔는 치료 받으러 가야 돼.

- Have you discussed it with him/her?
  너 걔랑 여기에 대해 얘기는 해 봤어?

Talk 다퉜다고 언급 ▶ 상대방이 화가 많다고 토로 ▶ 이에 대해 조언

I had a big fight with Nicolas the other day.
나 일전에 Nicolas랑 크게 싸웠어.

What was it about?
뭐 때문에 싸웠는데?

He gets angry easily over small things and even gets violent.
걘 사소한 거에 화를 잘 내고
심지어 난폭해지기까지 해.

What did he do?
Did he hit you or something?
걔가 뭘 어쨌는데? 널 때리거나 뭐 그랬어?

No, he didn't. But he was yelling at me and throwing things at the wall.
아니, 그러진 않았어. 그런데 나한테 소리지르고
벽에다가 물건들을 집어던지고 그랬지.

I'm sorry to hear that. I think he has an anger issue and needs to go to therapy. Have you discussed it with him?
그런 얘길 들으니 마음이 안 좋네. 내 생각엔 걔
분노조절장애가 있어서 치료 받으러 가야 할 것 같아.
너 걔랑 여기에 대해 얘기는 해 봤어?

---

the other day 일전에, 며칠 전에 get violent 난폭해지다, 폭력적이 되다 hit 치다
yell at ~ ∼에게 소리치다 throw 던지다 discuss A with ~ ∼와 A를 논하다 (위에서
는 문맥상 '∼에 대해 얘기해 보다'라고 해석)

Review & Practice

① _____

나 Kate가 투덜대는 거에 완전 질렸어.

_____ ②

너도 알겠지만 걘 모든 게 불만이잖아.

③ _____

걔가 그렇다는 건 모두가 다 알지, 그게 다른 사람들을 미치게 하고.

_____ ④

그리고 걘 사소한 거에 화도 잘 내.

⑤ _____

내 생각엔 걔 분노조절장애가 있어서 치료 받으러 가야 할 것 같아.

_____ ⑥

그리고 걘 항상 자기 자랑만 하고 남의 말은 하나도 안 들어.

⑦ _____

맞아. 걔는 뭐든 다 자기에 관한 것뿐이지.

_____ ⑧

그게 바로 걔가 얼마나 이기적인지를 잘 보여 주는 거야.

⑨ _____

그나저나, 난 Jason이 나한테 한 말 때문에 정말 기분 나빠.

_____ ⑩

걔가 너한테 뭘 어쨌는데? 나한테 말해 봐.

⑪ _____

자기가 더 좋은 학교를 졸업했으니 난 자길 절대 못 따라갈 거래.

_____ ⑫

걘 대체 자기가 뭐라고 생각하는 거야! 정말 본때를 보여 주고 싶다!

정답

① I'm sick and tired of Kate being a whiner.

② You know, she complains about everything.

③ Everyone knows that and it drives other people crazy.

④ And she also gets angry easily over small things.

⑤ I think she has an anger issue and needs to go to therapy.

⑥ And she is always bragging about herself and never listens to anyone.

⑦ She is. She makes it all about herself.

⑧ It proves how selfish she is.

⑨ By the way, I feel really bad about what Jason said to me.

⑩ What did he do to you? Tell me about it.

⑪ He said I would never catch up to him because he graduated from a better school.

⑫ Who the hell does he think he is! I want to kick his ass!

이웃
사귀기

MISSION 1

친구
사귀기

MISSION 2

파티 열고
즐기기

MISSION 3

일상 대화
나누기

MISSION 4

안부
주고받기

MISSION 5

감사 인사
& 명절 인사
나누기

MISSION 6

기쁜 일
함께하기

MISSION 7

슬픈 일
함께하기

MISSION 8

성격과
체질에 대해
이야기하기

MISSION 9

별로인
사람에 대해
불평하기

MISSION 10

똑
부러지게
거절하기

MISSION 11

연애
하기

MISSION 12

학교
생활하기

MISSION 13

직장
생활하기

MISSION 14

엘리베이터
안에서
대화하기

MISSION 15

똑 부러지게
거절하기

"한 번에 Yes,
한 번에 No"라고 하는
확실한 미국 문화

▶ 칭찬과 권유에 '한 번에 Yes'라고 하는 미국 문화

한국엔 '겸손'을 미덕으로 여기는 정서가 널리 퍼져 있어 누군가에게 칭찬을 듣거나 권유를 받았을 때 한 번에 '네'라고 답하지 않는 경우가 많습니다. 예를 들어, 누군가 노래를 잘한다고 칭찬했을 경우 자신이 노래를 잘한다고 생각해도 '아니야, 그렇게 잘하는 것도 아닌 걸'이라고 답하거나, 혹은 누군가 먹을 것을 권했을 때에도 '아니에요, 괜찮아요'라고 답하며 예의상 한 번은 거절하는 경우가 많습니다. 그리고 이렇게 한 번 거절한다 해도 상대방은 이를 '진짜 거절'이라 여기지 않고 예의상 재차 권유를 하고, 만약 그때에도 거절한다면 그제서야 '확실한 거절의 의사'로 받아들입니다. 하지만 미국에서는 누군가에게 노래를 잘한다고 칭찬하면 '고마워', '나도 내가 노래 잘하는 거 알아', '내가 노래를 좋아해서 매일 연습하거든'과 같은 식으로 답례 인사를 하는 걸 흔히 볼 수 있는데요. 한국인의 입장에서는 이 같이 말하는 것이 다소 잘난 척하는 것처럼 보일 수도 있지만, 미국인의 입장에서는 오히려 칭찬이나 권유에 '아니야'라고 부정하는 모습이 더 어색하게 여겨질 수 있습니다.

▶ 미국인에게 '한 번 No'는 'Confirmed No'

앞서 말했듯이 한국에서는 '한 번의 거절, 두 번의 권유'와 같은 것을 겸손의 미덕으로 여깁니다. 하지만 미국에서는, 상대방과의 관계나 상황에 따라 다소 차이가 있을 수도 있지만, '한 번 No'는 '확실히 아니다'라는 뜻의 'No'입니다. 예를 들어 어린아이의 요구에 부모가 'No'라고 했음에도 아이가 계속해서 집요하게 요구할 경우 미국인 부모들은 'I said No.(내가 안 된다고 말했지.), No means big No.(안 되는 건 절대 안 돼.), My No is confirmed No.(내가 안 된다고 한 건 정말 안 된다는 거야.)'와 같은 식으로 말하며 가르치는 걸 흔히 볼 수 있습니다. 이렇듯 미국에서의 'No'는 '안 된다, 싫다'라는 확실한 의지가 담겨 있는 표현이기 때문에 'No'라고 한 미국인에게 'Yes'라는 대답을 들을 때까지 같은 말을 재차 반복해서 묻거나 던진다면 불쾌해하거나 싫어하는 내색을 강하게 표할 수 있습니다. 이렇듯 서로 다른 한국과 미국의 문화를 두고 어떤 것이 더 '좋다 나쁘다, 맞다 틀리다'라고 할 순 없기 때문에 최대한 서로의 입장과 문화를 이해하고 존중하며 대화를 이어 나가야 할 것입니다.

관심 없는 사람의 데이트 신청 거절하기

누군가가 이성적인 호감을 갖고 커피 한잔이나 저녁 식사를 하자고 제안했을 경우, 상대방에게 특별한 연애 감정이 없다면 'I would like to but actually I ~.(그러면 좋겠지만 사실 제가 ~해서요.)'라고 완곡하게 거절하거나 혹은 더 단호하게 딱 잘라 거절하고 싶을 땐 'I'm not interested in you.(전 당신에게 관심 없어요.), I have no romantic feelings for you.(전 당신에게 연애 감정 없어요.)'라고 말할 수도 있습니다. 참고로 미국에선 꼭 관심 있는 이성이 아니더라도 '커피 브레이크(coffee break)'를 갖자고 제안하고 하는데, 이때 'go out for ~(~을 먹으러/마시러 가다)'와 'go out with ~(~와 데이트하다)'라는 표현을 혼동하지 말고 잘 사용해야 합니다. 'go out with ~'는 자칫 '~와 함께 밖으로 나가다'라는 뜻으로 직역해 잘못 사용할 수 있으니 특히 주의해야 합니다.

- Do you want to go out for 음식/음료 with me?
  저랑 _____ 먹으러 갈래요(가지 않을래요)?

- I would like to but actually I 동사 .
  그러면 좋겠지만 제가 _____ 해서요.

- I'm not interested in you.
  전 당신한테 관심 없어요.

- I have no romantic feelings for you.
  전 당신한테 연애(이성적인) 감정 없어요.

- You are still my good friend.
  당신은 여전히 좋은 친구예요.

Do you want to go out for coffee with me?
저랑 커피 한잔 하러 가지 않을래요?

Well, I would like to but actually I have a lot of work to catch up on.
음, 그러면 좋겠지만
사실 제가 밀린(따라잡을) 일이 많아서요.

You don't need to go out with me now but can we have dinner sometime?
지금 당장 데이트하러 나가지 않아도 돼요,
그런데 언제 저녁 식사 같이 할 수 있을까요?

I'm sorry but I am not interested in you.
미안하지만 전 당신한테 관심 없어요.

Ok, I get it.
But we can still be friends, right?
그래요, 알겠어요.
그래도 우리 여전히 친구가 될 수 있는 거 맞죠?

Sure! You are still my good friend but I have no romantic feelings for you.
물론이죠! 당신은 여전히 좋은 친구예요,
단지 제가 당신한테 연애 감정이 없을 뿐이에요.

---

catch up on ~ ~(밀린 일 등)을 따라잡다 go out with ~ ~와 데이트하다 have dinner 저녁 식사를 하다 be (not) interested in ~ ~에 관심이 있다(없다) I get it. 알겠어요. romantic feelings 연애 감정, 이성적인 감정

너무 사적인 질문 거절하기

미국에서는 친한 사람은 물론 낯선 사람에게도 이름, 사는 곳 등과 같은 개인적인 정보를 편하게 묻고 답하며 대화할 때가 많습니다. 하지만 누군가에게 이런 사적인 질문을 던질 땐 그러한 질문을 해도 되는지 '정중히 양해'를 구하는 어조로 말하는 것이 좋은데요. 이럴 때 쓸 수 있는 좋은 구문이 'Do you mind if I ask ~?(괜찮으시면 제가 ~을 물어봐도 될까요?)'라는 구문입니다. 그런데 만약 누군가에게 '너무 사적인' 질문을 받았다는 생각이 들 땐 'It's a long and complicated story.(그건 좀 길고 복잡한 얘기네요.)'와 같은 식으로 답변 거부 의사를 완곡하게 표하거나 상대방이 너무 사적인 질문을 지속적으로 던질 땐 'I think your questions are too personal.(하시는 질문들이 너무 개인적인 것 같네요.)'와 같은 식으로 단호히 거부할 수도 있습니다.

- Do you mind if I ask you a few personal questions?
  괜찮으시면 제가 몇 가지 개인적인 질문을 해도 될까요?

- Depending on __어떤 조건__ , I might not answer.
  _____에 따라서 제가 대답을 못할 수도 있어요.

- I think your questions are too personal.
  (하시는) 질문들이 너무 개인적인 것 같네요.

- It's a long and complicated story.
  그건 좀 길고 복잡한 얘기예요.

- How would you answer this question?
  당신은(당신 같으면) 이 질문에 뭐라고 답하겠어요?

Do you mind if I ask you a few personal questions?
괜찮으시다면 제가 몇 가지 개인적인
질문을 해도 될까요?

Ok, shoot! Depending on what kind of questions they are I might not answer.
네, 해 보세요! 어떤 질문인지에 따라서
제가 대답을 못할 수도 있어요.

I'm wondering how you and your boyfriend officially started going out.
당신과 당신 남자친구가 어떻게 정식으로
사귀게 되었는지 궁금해요.

It's a long and complicated story.
그건 좀 길고 복잡한 얘기네요.

Are you really going to marry him?
그 사람과 정말로 결혼할 거예요?

I think your questions are too personal. How would you answer this question?
하시는 질문들이 너무 개인적인 것 같네요.
당신 같으면 이 질문에 뭐라고 답하겠어요?

---

a few 어느 정도, 조금 personal 개인적인, 사적인 shoot (총 등을) 쏘다. (눈길 등을)
획 던지다. (질문 등을) 퍼붓다 officially 공식적으로, 정식으로 go out (남녀가) 사귀
다, 교제하다 complicated 복잡한

낯선 사람의 과한 호의 거절하기

'스몰톡(small talk)'을 즐겨 하는 미국인들은 낯선 곳에서 만난 새로운 사람들과도 쉽게 대화를 잘 나누는 편이지만 이런 대화들은 보통 날씨 같은 일반적인 주제나 대화 당사자들이 놓인 상황에 대한 이야기들이 주를 이루며 그 길이도 길어야 2분 내외 정도입니다. 따라서 낯선 사람과 대화하게 됐을 때 상대방이 너무 사적인 질문을 던지며 대화를 멈추지 않고 계속해서 이어 나가려고 한다면 '더 이상 대화하고 싶지 않다, 계속 이야기하는 것이 불편하다'와 같이 직접적으로 거부해도 무례하게 여겨지지 않습니다. 혹은 상대방이 초면인데도 너무 과한 호의를 베풀겠다고 하며 부담스럽게 할 땐 'I'm good but thank you.(고맙지만 전 괜찮아요.), A is coming in a minute.(A(라는 지인)가 조금 있으면 올 거예요.)'라고 하면 '(기다리고 있는 사람이 있으니) 그만 말하고 싶다'라는 거절의 의미를 전달할 수 있습니다.

- I like your __명사__ .
  당신의 _____가 좋네요/멋지네요.

- Are you __명사__ ? I saw you __동사-ing__ .
  _____이신가요? _____하고 계신 걸 봤어요.

- I think I can help you with __명사__ .
  제가 _____(하는 것)을 도와줄 수 있을 것 같은데.

- I'm good but thank you.
  전 괜찮아요, 하지만 고마워요. (= 고맙지만 전 괜찮아요.)

- __사람__ is coming in a minute.
  _____가 조금 있으면 올 거예요.

I like your purse.
The color and design are lovely!
당신 가방 좋네요. 색이랑 디자인이 멋진 걸요!

Oh, thanks. I love it too.
아, 고마워요. 저도 이거 좋아해요.

Are you a student? I saw you memorizing
English words but your English is good!
학생이세요? 영어 단어 외우고 계신 걸 보긴 했는데
영어 실력이 정말 좋으신데요!

Not really. I'm still learning. I try to pick up
new words while I have free time.
그렇지도 않아요. 여전히 배우고 있는걸요. 시간 여유가
있을 때 새로운 단어를 익히려고 노력해요.

I think I can help you with your English.
This is my card.
제가 영어 공부하는 걸 도와줄 수 있을 것 같은데.
이건 제 명함이에요.

I'm good but thank you.
My boyfriend is coming in a minute.
고맙지만 전 괜찮아요.
제 남자친구가 조금 있으면 올 거예요.

---

purse 여성용 가방(핸드백) lovely 아주 좋은, 멋진 memorize 외우다, 암기하다 pick
up (~을) 찾다. (어떤 정보를) 알게/듣게 되다. (습관, 재주 등을) 익히다 (business)
card 명함 in a minute 곧, 즉시

 **Scene 081**

 MP3 081

관심 없는 서비스 & 기부 거절하기

미국의 쇼핑몰에서는 계산대에서 계산할 때 직원들이 쇼핑몰 이름으로 된 카드나 자매 회사의 신용 카드를 갖고 있는지 물어보며 할인을 해 줄 테니 가입을 하라고 유도하는 경우가 많습니다. 하지만 미국에서는 신용 카드를 발급 받을 때마다 신용 점수를 조회하는데 이때 신용 점수가 떨어질 수 있으니 주의해야 하며, 이 같은 카드 서비스 가입 제안을 거절하고 싶을 땐 'That's a great deal but I am good.(정말 좋은 제안이긴 한데 전 됐어요.)' 와 같이 거부하면 됩니다. 또한 자신들의 회사가 특정 단체에 기부를 하고 있으니 여기에 소정의 금액을 기부하지 않겠느냐고 물어볼 때도 종종 있는데 이 같은 제안에도 거절하고 싶다면 너무 단호하게 'No'라고 하기보다는 'Next time.(다음에 할게요.)'와 같은 식으로 거절해도 충분한 거절 의사를 전달할 수 있습니다.

- If you sign up for it today, you can get 명사 .
  오늘 이걸 신청하시면, _____을 받으실 수 있어요.

- We are collecting donations for 명사 .
  저희가 _____을 위한 기금을 모으고 있어요.

- Would you like to donate 숫자 dollar(s)?
  _____달러를 기부하시겠어요?

- That's a great deal but I am good.
  좋은 제안이긴 한데 전 됐어요.

- Next time. I already 과거 동사 .
  다음에 할게요. 저 벌써 _____했어요.

Do you have a Nordstrom card?
Nordstrom 카드 있으신가요?

No, I don't.
아니요, 없는데요.

**If you sign up for it today,
you can get an extra 30% off and
a 50% coupon for your next purchase.**
오늘 이걸 신청하시면, 30% 추가 할인에 다음 번
구매 시 50% 할인 쿠폰을 받으실 수 있어요.

That's a great deal but I am good.
정말 좋은 제안이긴 한데 전 됐어요.

**Your total is $150, and we are collecting
donations for the Children's hospital. Would you
like to donate a dollar to support them?**
총 150달러입니다. 그리고 저희가 현재 아동 병원
기부금을 모으고 있는데요. 병원 지원 기금으로
1달러를 기부하시겠어요?

**Next time. I already supported
five different charities today.**
다음에 할게요. 저 오늘만 벌써
자선 단체 다섯 곳에 기부했어요.

---

sign up for ~ ~을 신청(가입)하다 an extra ~% off ~% 추가 할인 ~% coupon
~% 할인 쿠폰 deal 거래, 제안 I am good. 전 좋아요. (위에서는 문맥상 '전 됐어요(괜
찮아요)'라고 해석) donation 기부 donate 기부하다 charity 자선(구호) 단체

광고성 전화에 관심 없다 거절하기

광고성 전화는 보통 금융사의 대출 상품이나 통신사의 홍보 상품을 소개하는 내용이 녹음된 전화, 그리고 사람이 직접 전화를 걸어 홍보하는 전화, 이렇게 두 가지 정도로 볼 수 있는데요. 그 중에서도 사람이 직접 건 전화는 길고 집요하게 물고 늘어질 때가 많아 이 같은 전화를 받았을 땐 'Sorry, I'm not interested.(죄송하지만, 전 관심 없어요.)'와 같은 말로 거절하거나 좀 더 분명한 거부 의사를 밝히고 싶을 땐 'I want you to stop bothering me.(저 좀 그만 귀찮게 하셨으면 좋겠네요.), Can you remove me from your call list?(전화 목록에서 제 번호 좀 삭제해 주실래요?)'와 같이 단호하게 말하면 됩니다. 참고로 이러한 광고성 전화는 'spam call'이 아닌 'telemarketing call'이라 하며, 사전에 녹음된 광고성 전화는 'auto machine call'이 아닌 'robocall'이라고 합니다.

- This is a special offer and you have been selected.
  이번이 특가 제공 기간인데 당신(고객님)이 채택됐습니다.

- Sorry, I'm not interested.
  죄송하지만, 전 관심 없어요.

- I've already told you hundreds of times.
  제가 이미 수백 번 말했잖아요.

- I want you to stop bothering me.
  저 좀 그만 귀찮게 하셨으면 좋겠네요.

- Can you remove me from your call list?
  전화 목록에서 저 좀(제 번호 좀) 삭제해 주실래요?

You can get better service with a 50% discount.
50% 할인된 가격으로 더 좋은 서비스를 받으실 수 있습니다.

Sorry, I'm not interested.
죄송하지만, 전 관심 없어요.

This is a special offer and you have been selected.
이번이 특가 제공 기간인데 고객님께서 채택되셨어요.

I've already told you hundreds of times that I don't need that.
그거 필요 없다고 이미 수백 번 말했는데요.

But it's a great deal and worth considering changing your service provider.
하지만 요번에 혜택도 굉장히 좋아서 통신사를 변경할 가치가 있으실 거예요.

I want you to stop bothering me. Can you remove me from your call list?
저 좀 그만 귀찮게 하셨으면 좋겠네요. 전화 목록에서 제 번호 좀 삭제해 주실래요?

---

with a **숫자** percent discount ~% 할인된 가격으로 great deal 좋은 거래 (위에서는 문맥상 '혜택이 많은 거래'로 해석 가능) service provider (특히 인터넷) 제공 업체, 통신사 bother 방해하다, 귀찮게 하다

Review & Practice

①
_____

Nordstrom 카드 있으신가요?

②
_____

아니요, 없는데요.

③
_____

오늘 이걸 신청하시면, 30% 추가 할인을 받으실 수 있어요.

④
_____

그거 필요 없다고 이미 수백 번 말했는데요.

⑤
_____

이번이 특가 제공 기간인데 고객님께서 채택되셨어요.

⑥
_____

저 좀 그만 귀찮게 하셨으면 좋겠네요.

⑦
_____

음... 괜찮으시다면 제가 몇 가지 개인적인 질문을 해도 될까요?

⑧
_____

어떤 질문인지에 따라서 제가 대답을 못할 수도 있어요.

⑨ _____

저랑 커피 한잔 하러 가지 않을래요?

_____ ⑩

하시는 질문들이 너무 개인적인 것 같네요.

⑪ _____

언제 저녁 식사 같이 할 수 있을까요?

_____ ⑫

미안하지만 전 당신한테 관심 없어요.

정답

① Do you have a Nordstrom card?

② No, I don't.

③ If you sign up for it today, you can get an extra 30% off.

④ I've already told you hundreds of times that I don't need that.

⑤ This is a special offer and you have been selected.

⑥ I want you to stop bothering me.

⑦ Well... Do you mind if I ask you a few personal questions?

⑧ Depending on what kind of questions they are I might not answer.

⑨ Do you want to go out for coffee with me?

⑩ I think your questions are too personal.

⑪ Can we have dinner sometime?

⑫ I'm sorry but I am not interested in you.

이웃
사귀기

MISSION 1

친구
사귀기

MISSION 2

파티 열고
즐기기

MISSION 3

일상 대화
나누기

MISSION 4

안부
주고받기

MISSION 5

감사인사
& 명절 인사
나누기

MISSION 6

기쁜 일
함께하기

MISSION 7

슬픈 일
함께하기

MISSION 8

성격과
체질에 대해
이야기하기

MISSION 9

별로인
사람에 대해
불평하기

MISSION 10

똑
부러지게
거절하기

MISSION 11

연애
하기

MISSION 12

학교
생활하기

MISSION 13

직장
생활하기

MISSION 14

엘리베이터
안에서
대화하기

MISSION 15

연애하기

미국인들의 연애 방식과 'I love you'라는 말이 갖는 무게감

▶ 관심 있으면 '바로 표현', 헤어져도 '쿨하게'

미국에서는 호감을 느끼는 상대방이 있을 경우 남녀에 상관없이 관심 있는 사람이 먼저 접근하여 표현하며 데이트 신청도 바로바로 하는 편입니다. 그리고 데이트 신청을 거절 당하거나 연인과 헤어지게 되더라도 이를 쿨하게 받아들인 후 다른 이성과 데이트하는 모습도 볼 수 있습니다.

▶ 첫 데이트 비용은 누가 내야 좋을까?

미국에선 첫 데이트 비용을 누가 내는지에 따라 이것이 '그린 라이트(좋은 관계가 될 징조)'인지 '레드 라이트(좋은 관계가 되지 못할 징조)'인지 여부를 판단하는 것은 이릅니다. 예를 들어 상대방에게 호감이 있어 비용을 다 지불할 수도 있지만 이 같은 호감도와는 아무런 상관없이 비용을 다 지불할 수도 있고, 또는 호감도와는 전혀 상관없이 각자 계산하거나 특히 아직 경제 활동을 하기에 이른 나이인 학생 신분일 경우 상대방의 비용까지 모두 지불하는 것이 부담스러워 자연스럽게 각자 계산하는 모습도 볼 수 있습니다.

▶ '오늘부터 1일'이라는 개념이 없다?

미국인들은 호감이 있는 상대와 지속적인 만남을 거듭하다 서서히 연인 관계로 발전합니다(서로를 알아가는 단계는 'casual dating', 관계가 깊어져 서로만 만나게 되는 단계는 'exclusive dating'). 따라서 한국에서와 같이 '오늘부터 1일'이라는 개념 자체도 없을뿐더러 사귄 지 100일이 된 날을 따로 챙기지도 않기 때문에 '기념 반지, 커플티'와 같이 '기념일, 커플'만을 집중적으로 강조한 연애 문화나 물품이 크게 발달하지 않았습니다.

▶ 'I love you'라는 말이 갖는 무게감

미국에서는 연인 사이에 'I love you.(사랑해.)'라는 말을 쉽게 하지 않습니다. 왜냐하면 'I love you'라는 말을 하는 순간 그 말을 들은 상대방에 대한 마음을 끝까지 책임져야 한다는 관념이 강하기 때문이며, 그만큼 정말 큰 의미를 가진 표현이기 때문입니다. 따라서 미국인이 자신의 연인에게 'I love you'라는 말을 했다면 이를 들은 상대방은 그 말을 매우 신중하게, 의미 있는 말로 받아들입니다. 따라서 아직 그만한 말을 들을 만한 마음의 준비가 되지 않았을 경우 이것이 부담스럽게 여겨질 수도 있습니다.

가벼운 만남으로 시작하기

미국에서는 '연인 관계(in a relationship)'로 발전하게 될 때까지 보통 가볍게 만나 '어울려 노는 단계(hanging out)'를 먼저 거친 후 '데이트를 하는 단계(going out)'로 발전합니다. 따라서 호감이 가는 대상이 있을 경우 가볍게 이야기하며 어울릴 수 있는 기회부터 만들면 좋을 텐데요. 이때 상대방에게 접근할 수 있는 좋은 질문 하나가 'Do you want to grab a coffee?(커피 한잔 하실래요?)'입니다. 그리고 상대방이 제안에 응했을 경우, 'I know a nice coffee spot in this neighborhood.(제가 이 동네에 있는 괜찮은 커피숍 한 군데를 알아요.)'와 같은 말도 덧붙이면 자연스럽게 대화를 이어 나갈 수 있습니다. 참고로 상대방과 대화하다 '공통점'을 발견했을 땐 'I think we have a lot in common.(우린 공통점이 많은 것 같네요.)'라는 말까지 하면 좀 더 가까워질 수 있겠죠?

- Do you want to grab a coffee?
  커피 한잔 하실래요?

- That sounds great! I've wanted to __동사__ .
  좋아요! 저 계속 _____하고 싶었거든요.

- I know a nice coffee spot in __장소__ .
  제가 _____에 있는 괜찮은 커피숍 한 군데를 알아요.

- So do/am I. I __동사__ for the same reason.
  저도요. 저도 같은 이유로 _____해요.

- I think we have a lot in common.
  우린 공통점이 많은 것 같네요.

Do you want to grab a coffee?
커피 한잔 하실래요?

That sounds good! I've wanted to have a good cup of coffee since this morning.
좋아요! 저 아침부터 계속 맛 좋은
커피 한잔 하고 싶었거든요.

Great! I know a nice coffee spot in this neighborhood.
잘됐네요! 제가 이 동네에 있는 괜찮은
커피숍 한 군데를 알고 있어요.

That's great. Sometimes I want to do my work somewhere other than home or the office. I think the smell of coffee helps me concentrate more on my work.
그거 잘됐네요. 전 가끔씩 집이나 사무실 외에
다른 곳에서 일하고 싶더라고요. 커피 향이
일에 더 집중할 수 있게 해 주는 것 같아요.

So do I. Actually, I'm a regular customer at that coffee shop for the same reason.
저도요. 사실 저도 같은 이유로 그 커피숍 단골이에요.

Really? I think we have a lot in common.
정말요? 제 생각에 우린 공통점이 많은 것 같네요.

---

grab 잡다. (어떤 것을 간단히) 먹다/마시다 spot 장소 ('커피숍'은 보통 'coffee spot'이
라고 말함) regular customer 단골 concentrate on ~ ~에 집중하다

오붓하게 만나며 좀 더 가까워지기

어느 정도 '어울리는 단계(hanging out)'를 통해 가까워진 사이, 혹은 이미 친분이 있는 학교 친구나 회사 동료와 같은 사람에게 이성적인 호감을 갖고 더욱 가까워지고 싶을 경우 '저녁 식사'를 함께 하자고 제안하며 일대일로 오붓하게 만날 기회를 만들면 좋습니다. 그런데 아직 알아 가고 있는 단계에서 다짜고짜 'go on a date(데이트하다)'라는 표현을 써서 'Do you want to go on a date?(저랑 데이트할래요?)'와 같이 말하면 상대방이 부담스러워할 수 있습니다. 따라서 'go on a date'라는 표현 대신 'go out for dinner(저녁을 먹으러 가다)'와 같은 표현을 써서 'Would you like to go out for dinner with me?(저랑 저녁이나 같이 할래요?)'와 같이 물어보면 상대방이 편하게 식사 초대에 응할 수 있을 것입니다.

- Would you like go out for dinner with me?
  저랑 저녁이나 같이 할래요?

- I have plans. What about 다른 날짜 ?
  제가 다른 계획이 있어서요. _____(인 날)은 어때요?

- Do you know 식당/가게 on/in 장소 ?
  혹시 _____에 있는 _____라는 곳 알아요?

- Does 숫자 ish work for you?
  한 _____시 정도 괜찮나요(어때요)?

- Text me the address and see you there!
  문자로 주소 보내고 거기에서 봐요!

Would you like to go out for dinner with me this Saturday?
이번 주 토요일에 저녁이나 같이 할래요?

Well, I would love to but I have plans. What about Sunday brunch?
아, 저도 그러고 싶은데 다른 계획이 있어서요.
일요일 브런치는 어때요?

That sounds better! Do you know XYZ on Beverly and 1st?
그게 더 낫겠네요! 혹시 Beverly 1가에 있는
XYZ라고 알아요?

No, I've never heard of it. Is it good?
아뇨, 한번도 못 들어봤어요. 그 집 괜찮나요?

They always have a long line. Their ingredients are fresh and it tastes like home-made cooking.
그 집은 항상 줄이 길어요. 재료도 신선하고
집에서 만든 음식 같은 맛이 나거든요.

I already love them! Does 10ish work for you? Then text me the address and see you there!
벌써부터 마음에 드는데요! 한 10시정도 어때요?
괜찮으면 문자로 주소 보내고 거기에서 봐요!

---

have a long line 줄이 길다 ingredient (특히 요리 등의) 재료, 성분 taste like ~
~와 같은 맛이 나다 home-made cooking 집에서 만든 음식 fresh 신선한
address 주소 text (휴대폰으로) 문자를 보내다

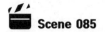

서로에 대해 자세히 알아 가기

커피 한잔이나 저녁 식사 등을 함께하며 어울리는 단계를 거칠 땐 보통 서로에 대해 알아 갈 수 있는 이야기를 주고받기 마련입니다. 특히 공통된 관심사나 취미를 발견하게 되면 이를 계기로 관계가 한 단계 발전될 수도 있을 텐데요. 이 같은 공통 관심사나 취미를 알아내고자 할 땐 'What do you like to do in your spare time?(여가 시간에(시간 날 때) 뭐 하기 좋아해요?), What do you do for fun?(재미(취미)로 뭐 하세요?)'와 같은 질문을 던지면 좋습니다. 참고로 'hobby(취미)'는 본업 외 전문성을 갖춘 활동을 뜻하고 'activity(활동)'는 그 종류가 너무 방대하고 다양하기 때문에 이 같은 단어를 써서 'What is your hobby?(취미가 뭐예요?), What activities do you like to do?(어떤 활동 하는 걸 좋아해요?)'라고 물어보면 당황할 수 있으니 주의해야 합니다.

- What do you like to do in your spare time?
  시간 날 때 뭐 하기 좋아해요?

- I like   동사-ing / to 동사   (too).
  저는(저도) _____ 하는 거 좋아해요.

- I'm more of a   명사   person.
  저는 _____을 더 좋아하는 사람이에요.

- We pretty much have something in common.
  우린 공통점이 꽤 많아요.

- Right, I can see that.
  맞아요, 그런 것 같아요(그런 느낌이에요).

**What do you like to do
in your spare time?**
시간 날 때 뭐 하기 좋아해요?

**I'm mostly a homebody
but I like being out in nature sometimes.**
전 대부분 집에 있는 편인데
가끔씩 밖에 나가 자연 속에 있는 걸 좋아해요.

**Do you mean that you like to go
hiking and camping?**
그럼 등산이나 캠핑 가는 걸
좋아한다는 뜻인가요?

**I like doing that too,
but I'm more of a beach person.**
그것도 좋아하는데, 전 바닷가를 더 좋아해요.

**I like to go to the beach too.
I think we pretty much have
something in common.**
저도 바닷가에 가는 거 좋아해요.
제 생각에 우린 공통점이 꽤 많은 것 같아요.

Right, I can see that.
맞아요. 그런 느낌이에요.

---

spare time 여가 시간 (곧 '시간이 날 때'를 의미) homebody 집에 있는 것을 좋아하는 사람 (일명 '집돌이, 집순이') nature 자연 go hiking 하이킹을 가다 ('하이킹'은 한국식 개념으로 '등산'을 의미) beach person 바닷가를 좋아하는 사람

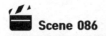

좋아한다고 고백하며 사귀자고 하기

서로를 알아 가는 단계를 충분히 거친 후 마음의 확신이 서게 되면 좋아한 다고 고백하며 사귀자고 말하는 시점이 옵니다. 이럴 땐 'go out with ~(~ 와 사귀다/데이트하다), have feelings for ~(~에 대한 마음/호감이 있다)' 와 같은 표현을 써서 'Would you like to go out with me?(저랑 사귀지 않 을래요?), I've had feelings for you for ~(~ 동안 당신에게 마음이 있었어 요.)'라고 고백하며 사귀자고 하면 됩니다. 참고로 미국인들은 고백을 직설 적으로 하는 편인데, 혹여 고백을 거절 당한다 해도 상심하기보다는 쿨하게 잊고 다른 사람과 데이트하기도 합니다. 하지만 그렇다고 해서 관계를 가볍 게 여긴다는 것은 아니며, 이는 처음부터 '너무 진지하게' 관계를 시작하지 않는 경향이 있기 때문이니 이를 잘 알아 두고 오해하지 마시기 바랍니다.

- Would you like to go out with me?
  저랑 사귀지 않을래요?

- I've had feelings for you for the past ___기간___ .
  지난 _____ 동안 당신에게 마음(호감)이 있었어요.

- Why didn't you tell me sooner?
  왜 좀 더 일찍 말하지 않았어요?

- I didn't dare to say it.
  그걸(좋아한다고) 말할 용기가 없었어요.

- I'm so happy that you told me.
  나한테 말해 줘서(고백해 줘서) 정말 기뻐요.

Would you like to go out with me?
저랑 사귀지 않을래요?

Do you mean out on a date?
지금 데이트하자는 거예요?

**I've had feelings for you
for the past 2 years.**
지난 2년 동안 당신에게
마음이 있었어요.

Why didn't you tell me sooner?
왜 좀 더 일찍 말하지 않았어요?

**Well, you had a boyfriend back then
and I didn't dare to say it.**
그게, 그땐 당신에게 남자친구가 있어서
좋아한다고 말할 용기가 없었어요.

**I'm so happy that you told me.
To be perfectly honest with you,
there was a moment that
I had been interested in you too.**
나한테 고백해 줘서 정말 기뻐요.
정말 솔직히 말하면, 저도 당신에게
관심 있었던 적이 있었어요.

(go) out on a date 데이트하러 나가다 back then 과거 그때에, 그 당시에 dare to
V ~할 용기가 있다. 감히 ~하다. ~할 엄두를 내다 to be perfectly honest with
you 정말 솔직히 말하면 be interested in ~ ~에 관심 있다

연인과 함께 데이트하기

연인이 데이트를 하며 즐길 수 있는 대표적인 활동은 바로 '외식과 영화 관람'입니다. 특히 미국에서 영화 관람은 (개인차가 있을 수 있지만) '연인 사이'와 같이 진지한 관계를 가진 사람들끼리 하는 편인데요. 연애 초반에 연인에게 영화를 보러 가자고 하고 싶을 땐 'Have you seen any good movies lately?(최근에 괜찮은 영화 본 거 있어?), What kind of movie was it?(어떤 장르의 영화였어?)'와 같은 질문부터 먼저 던지면 연인이 어떤 취향의 영화를 좋아하는지 파악할 수 있어 나중에 보러 갈 영화를 고르는 데 도움이 됩니다. 그리고 그 후엔 "Do you want to catch a movie before/after 식사?(~(을 먹기) 전에/~(을 먹은) 후에 영화나 한 편 볼까?)'와 같은 말로 외식과 영화 관람을 하자고 제안하면 알찬 코스의 데이트를 즐길 수 있겠죠?

- Have you seen any good movies lately?
  최근에 괜찮은 영화 본 거 있어?

- It was ___특정 장르___ . The story was ___형용사___ .
  그건 _____(라는 장르)였어. 스토리는 _____했고.

- It was good for killing time.
  그건(그 영화는) 시간 때우기에 좋았어(괜찮았어).

- I heard ___영화명___ is really a big hit these days.
  요즘 _____가 완전 흥행(대박)이라고 들었어.

- Do you want to catch a movie before/after ___식사___ ?
  _____전에/후에 영화나 한 편 볼까?

Have you seen any good movies lately?
최근에 괜찮은 영화 본 거 있어?

Well, it's been quite a while since I watched one. I don't even remember what it was.
음, 하나 봤는데 시간이 꽤 많이 지나서.
그게 뭐였는지 기억도 못하겠네.

What kind of movie was it and who starred in it?
장르가 뭐였고 누가 출연했는데?

It was a romantic comedy. Bruce and Jennifer played the main characters. The story was so cheesy but it was good for killing time.
로맨틱 코미디였는데, Bruce랑 Jennifer가
주인공으로 나왔어. 스토리는 영 별로였는데
시간 때우기엔 나름 괜찮았어.

Do you want to catch a movie after brunch?
브런치 먹고 난 다음에 영화나 한 편 볼까?

Yes! I heard XYZ is really a big hit these days. My sister said it's a must-see.
좋아! 요즘 XYZ가 완전 대박이라고 들었어.
내 동생이 그건 꼭 봐야 된다고 그랬거든.

---

star in ~ ~에 주연을 맡다 play the main character 주인공을 맡다 cheesy 싸구려의, 저급한 (위에서는 문맥상 '별로인'으로 해석) kill time 시간을 때우다 catch a movie 영화를 보다 must-see 꼭 보아야 할(볼 만한) 것

연인 간에 애정 표현하기

연인 사이가 점차 깊어지게 되면 서로에 대한 애틋한 감정을 표현할 일이 많아집니다. 예를 들어 'I wish the time could have gone by slower.(시간이 좀 더 천천히 갔으면 좋겠어.), I want to be with you longer.(좀 더 오래 같이 있고 싶어.)'와 같은 달콤한 말들을 주고받거나 'Do you have anything you want to do?(자기 뭐 하고 싶은 거 없어?), Do you have anywhere you want to go?(자기 어디 가고 싶은 데 없어?), Why don't we ~?(우리 ~할까?)'라고 묻고 답하며 최대한 많은 시간을 함께하고 싶어 합니다. 참고로 미국에서는 성년이 된 후 보통 부모에게서 독립해 살기 때문에 데이트 후 연인을 집으로 초대하는 일이 많은데요. 연인이 집에 초대했을 땐 무작정 가기보다 좋고 싫은 의사를 분명히 하면 좋겠죠?

- **I had a great day today.**
  오늘 정말 즐거운 하루였어. (= 오늘 정말 즐거웠어.)

- **I wish the time could have gone by slower.**
  시간이 조금만 더 천천히 갔으면 좋겠어.

- **I want to be with you longer.**
  너랑 좀 더 오래 같이 있고 싶어.

- **Do you have anything you want to do this 요일 ?**
  이번 _____에 뭐 하고 싶은 거 있어?

- **Why don't we 동사 ?**
  우리 _____하는 게 어때? (= 우리 _____할까?)

I had a great day today.
오늘 정말 즐거웠어.

So did I. I wish the time
could have gone by slower.
나도. 시간이 조금만 더 천천히
갔으면 좋겠어.

It's ok. We are going to see each other
again in 10 hours at work.
괜찮아. 우리 10시간 뒤면 회사에서 또 보잖아.

But I want to be with you longer.
By the way, do you have anything
you want to do or anywhere
you want to go this weekend?
하지만 좀 더 오래 같이 있고 싶은 걸.
그나저나, 이번 주말에 뭐 하고 싶은 거나
가고 싶은 데라도 있어?

Not really, do you?
딱히 없는데, 자기는 있어?

Why don't we go to the gym in the
morning and then have brunch?
우리 아침에 체육관에 갔다가 브런치나 먹을까?

---

go by 지나가다, 흐르다 in ~ hour(s) ～시간 후에 at work 일터(직장)에서, 일하고
있는 by the way (화제를 바꿀 때) 그나저나, 그런데 not really 꼭 그런 것은 아니다,
딱히(별로) 없다 gym 체육관, 헬스클럽

다툰 후 사과하고 화해하기

연인 간에 다퉜을 땐 진심 어린 '대화와 사과'가 가장 중요합니다. 연인과 다툰 후 대화를 시도하고 싶을 땐 'Can we talk?(우리 얘기 좀 할 수 있을까?), We need to talk.(우린 대화가 필요해.)'와 같은 말로 말을 걸 수 있고, 잘못한 것이 있어 이에 대해 사과하고자 할 땐 'apologize(사과하다)'라는 단어를 써서 'I wanted to apologize.(사과를 하고 싶었어.), Please accept my apology.(내 사과를 받아 줬으면 좋겠어.)'와 같이 말하면 됩니다. 여기서 'sorry'가 아닌 'apologize'를 쓰는 것이 너무 격식을 차린 듯 들릴 수도 있지만, 어린아이들 사이에서도 진심 어린 사과를 전할 땐 'apologize'란 단어를 씁니다. 그리고 연인이 사과를 해서 이를 받아들이겠다고 할 땐 'Apology accepted.(사과를 받아들일게.), I'll let this one slide.(이번 한 번은 봐 줄게.)'와 같이 말하면 됩니다.

- Can we talk? / We need to talk.
  우리 얘기 좀 할 수 있을까? / 우린 대화가 필요해.

- I just wanted to apologize.
  난 그저 사과를 하고 싶었어.

- I'm not in the mood to __동사__ .
  나 _____ 할 기분 아니야.

- Please accept my apology. I'll never __동사__ again.
  내 사과를 받아 줬으면 좋겠어. 다시는 _____ 하지 않을 게.

- I'll let this one slide. But you'd better __동사__ .
  이번 한 번은 봐 줄게. 하지만 _____ 하는 게 좋을 거야.

Hey, Kate. Can we talk?
Kate, 우리 얘기 좀 할 수 있을까?

**Oh, my God.. Please don't say
"we need to talk." again.**
아, 진짜.. 부탁인데 "우린 대화가 필요해"
라는 말만 하지 말아 줘.

**I just wanted to apologize and
ask you out for dinner.**
난 그저 사과를 하고 싶었고
자기한테 같이 저녁 먹자고 하고 싶었어.

I'm not in the mood to hang out.
나 자기랑 같이 어울릴 기분 아니야.

**Please accept my apology. I'll never do
anything to hurt you again. Promise!**
내 사과를 받아 줬으면 좋겠어. 다신 자기한테
상처 주는 일 안 할게. 약속해!

**Ok. I'll let this one slide,
but you'd better remember that
I won't give you a second chance!**
알겠어. 이번 한 번은 봐 줄게, 하지만 또 다시 기회
주는 일은 없을 거라는 거, 기억하는 게 좋을 거야.

---

let ~ slide ~을 무시하다(넘기다) You'd better V. 네가 ~하는 게 좋을 거야. (동급
또는 아랫사람을 대하는 듯한 말투이기 때문에 격식/예의를 갖추는 상황에서는 쓰지 않
도록 주의) give A a second chance A에게 한 번 더 기회를 주다

이별을 결심하고 대화하기

미국에서는 연인과 이별할 때 보통 '대화'를 통해 관계를 끝내자고 협의한 뒤 정리하는 편이며, 대화를 잘 마무리하여 이별한 뒤엔 쿨하게 친구처럼 지내는 경우도 많습니다. 이렇듯 연인에게 헤어짐에 대한 이야기를 꺼낼 땐 진중한 어조로 'Do you have a minute?(잠깐 시간 괜찮아?)'와 같이 운을 띄운 뒤 'I don't think we can be together anymore.(내 생각엔 우리 더 이상은 안 될 것 같아.), We are so different.(우린 서로 너무 달라.)'와 같이 이별을 결심한 이유를 말하면 될 텐데요. 혹 상대방의 잘못이나 실수로 인해 관계가 위태로워져 헤어짐에 결심하게 됐을 땐 'I tried to process what happened between us but I can't.(나 우리 사이에 있었던 일을 잘 극복하려고 노력했지만, 못하겠어.)'와 같이 말하면 됩니다.

- Do you have a minute?
  시간 좀 있어? (= 잠깐 시간 괜찮아?)

- I don't think we can be together anymore.
  우리 더 이상 함께할 수 없을 것 같아(더는 안 될 것 같아).

- I tried to ___동사___ , but I can't.
  나 _____하려고 노력했지만, 못하겠어.

- We are so different.
  우린 서로 너무 달라. (성향/성격 등이 너무 다르다는 말)

- Sounds like you've already made a decision.
  자긴 이미 결정을 다 내린 것 같네.

Mike. Do you have a minute?
Mike, 잠깐 시간 괜찮아?

Yeah... You look so serious.
What's going on?
응... 자기 굉장히 심각해 보여.
무슨 일 있어?

I don't think we can be together anymore.
내 생각엔 우리 더는 안될 것 같아.

Come on, I thought we were good
since I apologized.
왜 그래, 지난번에 내가 사과한 후로
우리 괜찮게 지냈다고 생각했는데.

No, I tried to process what
happened between us but I can't.
And we are so different.
아니, 나 우리 사이에 있었던 일을 잘 극복하려고
노력했지만, 못하겠어. 그리고 우린 서로 너무 달라.

Sounds like you've already made
a decision. I feel bad we're breaking up.
자긴 이미 결정을 다 내린 것 같구나.
우리가 헤어진다는 사실이 너무 마음 아프네.

---

process 처리하다 ('상황, 문제, 과정 등을 하나씩 생각해 보고 처리하다'라는 뜻으로서 위에서는 문맥상 '극복하다'로 해석) feel bad 속이 상하다, 기분이 나쁘다 (위에서는 문맥상 '(속이 상해) 마음이 아프다'로 해석)

Review & Practice

① _____

나 지난 2년 간 너한테 마음이 있었어. 나랑 사귀지 않을래?

_____ ②

왜 좀 더 일찍 말하지 않았어? 나한테 고백해 줘서 정말 기뻐.

③ _____

이번 주 토요일에 저녁이나 같이 할래?

_____ ④

응! 10시 정도 괜찮아? 괜찮으면 문자로 주소 보내고 거기서 봐!

⑤ _____

그리고 저녁 먹고 난 다음에 영화나 한 편 볼까?

_____ ⑥

좋아! 요즘 XYZ가 완전 대박이라고 들었어.

⑦ _____

(데이트 후) 오늘 즐거웠어. 시간이 좀 더 천천히 가면 좋을 텐데.

_____ ⑧

하지만 우리 10시간 뒤면 회사에서 또 보잖아.

⑨ _____

알아, 하지만 좀 더 오래 같이 있고 싶은 걸.

_____ ⑩

그래... 그런데 Mike, 잠깐 시간 괜찮아?

⑪ _____

응, 너 굉장히 심각해 보여. 무슨 일 있어?

_____ ⑫

내 생각엔 우리 더는 안 될 것 같아. 우린 서로가 너무 달라.

정답

① I've had feelings for you for the past 2 years. Would you like to go out with me?

② Why didn't you tell me sooner? I'm so happy that you told me.

③ Would you like to go out for dinner with me this Saturday?

④ Yes! Does 10ish work for you? Then text me the address and see you there!

⑤ And do you want to catch a movie after dinner?

⑥ Yes! I heard XYZ is really a big hit these days.

⑦ I had a great day today. I wish the time could have gone by slower.

⑧ But we are going to see each other again in 10 hours at work.

⑨ I know, but I want to be with you longer.

⑩ Yeah... By the way, Mike, do you have a minute?

⑪ Yeah, You look so serious. What's going on?

⑫ I don't think we can be together anymore. We are so different.

이웃
사귀기

MISSION 1

친구
사귀기

MISSION 2

파티 열고
즐기기

MISSION 3

일상 대화
나누기

MISSION 4

안부
주고받기

MISSION 5

감사인사
& 명절 인사
나누기

MISSION 6

기쁜 일
함께하기

MISSION 7

슬픈 일
함께하기

MISSION 8

성격과
체질에 대해
이야기하기

MISSION 9

별로인
사람에 대해
불평하기

MISSION 10

똑
부러지게
거절하기

MISSION 11

연애
하기

MISSION 12

학교
생활하기

MISSION 13

직장
생활하기

MISSION 14

엘리베이터
안에서
대화하기

MISSION 15

학교 생활하기

'개인의 독립심'과 '팀워크'의 조화를 강조하는 미국의 교육 문화

▶ 독립심과 팀워크의 조화에 초점을 둔 미국의 교육 분위기

미국에서는 아이들이 법적으로 의무 교육을 받기 시작하는 나이(만 5세)가 되면 유치원에 다니면서 읽고 쓰고 말하는 것을 배우게 되고, 이렇게 읽고 쓰고 말하는 것에 익숙해지면 단계별로 '개인 발표 및 그룹(팀) 발표'를 놀이식으로 하게 됩니다. 공립이나 사립, 혹은 학교별 특성 및 커리큘럼에 따라 차이가 있을 순 있지만 미국의 전반적인 교육은 이처럼 개인의 독립심과 팀워크가 조화를 이루도록 하는 데 초점을 두고 있습니다.

▶ '개개인의 독창성이 모여 조화로운 공동체를 만든다'는 개념

미국에서는 창의력이 뛰어나고 다방면으로 우수한 아이가 있을 경우 아이가 이를 더 잘 키울 수 있는 커리큘럼에 따라 교육을 받도록 지원해 주며, 아이가 다소 어려워 보이는 활동을 한다 할지라도 부모와 교사들은 기본적인 가이드라인만 제시하고 아이 스스로 이를 해결할 때까지 기다려 줍니다. 그리고 개인의 독창성은 종국적으로 '공동의 이익'을 위해 존재하는 것으로 여기기 때문에 아이의 행동이 선생님의 지시 사항 및 학교 규율에 어긋날 경우 이를 엄격히 관리하여 다른 사회 구성원들과도 조화롭게 균형을 이루는 '팀워크'를 키우는 것에도 초점을 둡니다.

▶ 팀워크가 대학 진학 및 사회 진출에 미치는 영향

대학에 지원할 때에도 '개인적인 성과'가 아무리 우수하다 할지라도 팀워크를 바탕으로 한 활동 경력이 없다면 대학에 합격하지 못할 수 있으며, 취직을 할 때에도 대학 시절 개인 성과가 아무리 뛰어나다 해도 '사회 봉사, 스포츠 팀 출전, 악기 동호회 활동'과 같은 팀워크 활동 기록이 없다면 사회 생활에 적합한 인재상으로 보지 않을 확률이 높습니다.

▶ '주도적인 삶'을 살아가도록 가르치는 교육 분위기

이러한 사회 교육 분위기에서 성장한 미국인들은 누군가에 의존해서 문제를 해결하기보다는 '스스로' 도전하고 해결하려는 의지가 강합니다. 또한 타인이 정한 기준에 맞는 삶을 살아가기보다는 남들과는 달라도 자신의 개성에 맞는 삶을 주도적으로 살아가는 것을 더 자랑스러워하는 분위기가 강하기 때문에 남들과의 비교나 경쟁에 초점을 두지 않습니다.

새로운 학교 친구 사귀기

미국인들은 초면에도 친근한 태도로 상대방을 대하기 때문에 말을 트기 쉽습니다. 따라서 학교에서 오가다 몇 번씩 마주쳤던 사람이 있다면 'I've seen you around a few times.(나 너 몇 번인가 본 적 있어.)'라고 자연스럽게 말을 붙이면서 'My name is 이름.(내 이름은 ~야.), I'm 이름.(난 ~라고 해.), I'm majoring in 전공.(난 ~을 전공하고 있어.), I'm in my 서수 year of 전공.(난 ~라는 학과의 ~학년이야.)'와 같이 이름과 전공, 학년을 소개하면 되는데 학년을 말할 땐 'freshman(1학년)/junior(2학년)/sophomore(3학년)/senior(4학년)'보다는 'first/second/third/fourth year'과 같이 서수를 활용해서 말합니다. 그리고 '(초면에) 처음 만나 반갑다'고 할 땐 'Nice to meet you.'라고 하면 되며, 구면인 사이에서 '또 봐서 반갑다'라고 할 땐 'Nice to see you.'라고 하면 됩니다.

- I've seen you around a few times.
  나 너 몇 번인가 본 적 있어.

- What's your major?
  넌 전공이 뭐야?

- I'm in my __서수__ year of __전공__ .
  난 _____(라는) 학과 _____학년이야.

- I'm double majoring in __전공1__ and __전공2__ .
  난 _____와 _____을 복수 전공하고 있어.

- It's helping me accomplish my dream to __동사__ .
  이건 내가 _____하려는 꿈을 이루는 데 도움이 돼.

Hey, I've seen you around a few times.
My name is Joe.
안녕, 나 너 몇 번인가 본 적 있는데.
내 이름은 Joe야.

Hi, nice to meet you. I'm Sara.
What's your major?
안녕, 만나서 반가워. 난 Sara야.
넌 전공이 뭐야?

I'm in my second year of Computer
Engineering. What about you?
난 컴퓨터공학과 2학년이야. 너는?

I'm actually double majoring in
Law and International Relations.
난 법학이랑 국제관계학을 복수 전공 중이야.

Wow! I can't imagine doing a double
major. Isn't it too hard?
와! 난 복수 전공 상상도 못해. 너무 힘들지 않아?

It is but it's helping me accomplish my dream
to become an international attorney.
힘들지, 그렇지만 국제 변호사가 되는
꿈을 이루는 데 도움이 돼.

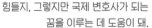

---

see ~ around 돌아다니면서(주변에서) ~을 보다 (일상생활에서 '오며 가며 보다'라는
의미로 많이 사용) do a double major 복수 전공을 하다 accomplish 성취하다, 이루
다 international attorney 국제 변호사

동아리 활동에 대해 이야기하기

학교 친구들과 나눌 수 있는 좋은 대화 소재 중 하나가 바로 '동아리 활동'에 대한 이야기일 텐데요. 특히 좀 더 친해지고 싶은 친구가 있을 땐 'Did you join any clubs or associations?(너 가입한 동아리나 단체는 있어?)'라고 말을 붙이며 자연스럽게 대화를 이어 나갈 수 있고, 혹 가입한 동아리가 없다고 할 경우 'Why don't you join ~?(~에 가입하는 건 어때?)'라고 제안하면 동아리 활동을 함께하며 친목을 다지는 기회도 만들 수 있을 것입니다. 그리고 자신이 어떤 동아리에 가입했는지 말할 때 'I'm in 특정 동아리 because I love 좋아하는 것.(난 ~을 굉장히 좋아해서 ~라는 동아리에 들었어.)'라고 하면 가입한 동아리와 함께 자신이 좋아하는 것이 무엇인지도 말할 수 있고, 여기서 자연스럽게 좋아하는 것에 대한 대화로 길게 이어질 수도 있을 것입니다.

- Did you join any clubs/associations?
  너 가입한 동아리/단체는 있어?

- What club are you joining?
  넌 어떤 동아리에 가입해 있는데?

- I'm in __특정 동아리__ because I love __명사__ .
  난 _____을 굉장히 좋아해서 _____에 들었어.

- I'm (not) a/an __형용사__ person.
  난 _____한 사람이야(아니야).

- Why don't you join __특정 동아리__ ?
  _____에 가입하는 건 어때?

Did you join any clubs or associations?
너 가입한 동아리나 단체는 있어?

Not really.
What club are you joining?
딱히 하진 않았어.
넌 어떤 동아리에 가입해 있는데?

**I'm in the scuba diving club because
I love the beach and adventure!**
난 바다도 그렇고 모험도 굉장히 좋아해서
스쿠버 다이빙 동아리에 들었어.

**Sounds very interesting but
I'm not an outdoorsy person though.**
진짜 재미있을 것 같긴 하다, 그런데
난 야외 활동하는 걸 그렇게 좋아하진 않아서.

**Why don't you join the book club
or the film club?**
독서 동아리나 영화 동아리에
가입하는 건 어때?

**That's a good idea!**
그거 괜찮네!

---

club 클럽, 동아리 association 협회, 단체 scuba diving 스쿠버 다이빙 beach 해변,
바닷가 adventure 모험 outdoorsy 야외에 적합한, 야외 생활(운동)을 좋아하는 (위
에서 'I'm not an outdoorsy person.'은 '난 야외 활동 좋아하는 사람이 아냐. = 난 야외
활동하는 걸 좋아하진 않아.'로 해석) film 영화

방과 후 친구들과 어울리기

미국의 대학생들은 단체 활동보다 개인 활동에 더 집중하는 경향이 있기 때문에 방과 후에 다같이 모여 식당이나 술집에 가는 일이 매우 드물고, 따라서 대학가 주변에 유흥 및 오락 시설이 거의 전무하다고 볼 수 있습니다. 이러한 이유로 미국의 대학생들은 사석에서 친구들과 어울릴 때 주로 '스포츠 경기'를 함께 보며 노는 일이 많은데요. 특히 매년 2월 미국의 인기 미식축구 경기인 '슈퍼볼(Super Bowl)' 시즌이 되면 집이나 스포츠 바에 모여 함께 경기를 봅니다. 따라서 슈퍼볼 시즌이 됐을 때 친구들에게 'The Super Bowl is just around the corner.(슈퍼볼 시즌이 이제 정말 얼마 안 남았네.)'라고 말하면서 'Let's watch the game at a bar downtown.(시내에 있는 바에서 경기나 보자.)'라고 제안하면 바쁜 일이 없을 경우 대부분 이에 흔쾌히 응할 것입니다.

- __때/시즌__ is just around the corner.
  _____(라는 때/시즌)이 이제 정말 얼마 안 남았어.

- A is more fun when you __동사__ with other people.
  A는 다른 사람들이랑 같이 _____해야 더 재미있어.

- There's nothing like __동사-ing__ .
  _____하는 것만큼 좋은 것도 없지.

- Let's __동사__ at a bar downtown.
  시내에 있는 바에서 _____하자.

- It would be good for you to make friends with B.
  B랑 친해지면 너도 좋을 거야.

The Super Bowl is just around the corner.
슈퍼볼 시즌이 이제 정말 얼마 안 남았어.

**I know! Football is more fun
when you watch it with other people.**
맞아! 축구 경기는 다른 사람들하고
같이 봐야 더 재미있더라고.

**There's nothing like watching a game
at a sports bar.**
스포츠 바에서 경기 관람하는 것만큼
좋은 것도 없지.

And it's always better with wings and beer.
그리고 닭 날개에 맥주까지 있으면 항상 더 좋고.

**Let's watch the game with my roommates
at a bar downtown. It would be good
for you to make friends with them.**
시내에 있는 바에서 내 룸메이트들이랑 같이
경기나 보자. 걔들이랑 친해지면 너도 좋을 거야.

**It'll be nice to finally meet them and
catch the game at the same time.**
드디어 그 친구들도 보고, 그러면서
경기까지 보고, 정말 좋을 것 같긴 하다.

Super Bowl 슈퍼볼 (매년 미국 프로 미식축구의 우승팀을 결정하는 경기) around
the corner 목전(코앞)에 있는, 얼마 남지 않은 downtown 시내에(로) make
friends with ~ ~와 친구가 되다, ~와 친해지다 catch the game 경기를 보다

룸메이트와 사이좋게 방 나눠 쓰기

학교 기숙사나 하우스에서 생활하게 되면 '룸메이트'와 잘 지내는 것이 굉장히 중요한데요. 특히 기숙사의 경우 사감이 엄격하게 관리하지 않는다는 이유로 다른 친구들이나 남자친구/여자친구 등을 방에 함부로 데리고 와서 이를 독점하게 되면 서로에게 무례하고 불편한 상황을 초래할 수 있습니다. 따라서 조별 발표 연습이나 기타 다른 이유로 방을 개인적으로 사용하고 싶을 땐 룸메이트에게 'Are you staying in 장소 to 동사?(너 ~하느라 ~에 있을 거야?)'라고 물어보며 오늘 룸메이트가 어디에서 무엇을 할 예정인지 먼저 확인하고, 만약 룸메이트가 어떤 일정 때문에 방을 비우게 될 것이라 말한다면 'I have 어떤 일 and I(we) want to 동사 in the room.(내가 ~라는 일이 있어서 방에서 ~했으면 해.)'라고 양해를 구하면 됩니다.

- Are you staying in 장소 to 동사 ?
  너 ＿＿＿하느라 ＿＿＿에 있을 거야?

- Actually, I have 어떤 일 .
  사실, 나 ＿＿＿(라는 일)이 있어.

- I(we) want to 동사 in the room.
  나(우리가) 방에서 ＿＿＿했으면 해.

- No worries. I'll come back 시간/때 .
  걱정 마. 나 ＿＿＿에나 돌아올 거야.

- Good luck with 명사 !
  ＿＿＿에 행운이 있길 빌어! (= ＿＿＿을 잘하길 바라!)

Hey, Suzie! Are you staying in the library overnight to study for the exam?
Suzie야! 너 시험 공부하느라
밤새 도서관에 있을 거야?

Yeah, I guess so. Why?
응, 그럴 것 같아. 왜?

Actually, I have a group presentation and we want to rehearse in the room.
사실, 나 조별 발표가 있는데 (조원들이랑)
방에서 리허설을 했으면 하거든.

No worries.
I'll come back tomorrow
afternoon after the exam.
걱정하지마.
나 시험 끝나고 나서
내일 오후에나 돌아올 거야.

Cool! Good luck with your test!
잘됐다! 시험 잘 봐!

Thanks. You too!
고마워. 너도!

---

stay 머무르다, 계속 (그대로) 있다 library 도서관 overnight 밤새 study for the exam 시험 공부를 하다 I guess so. 그렇다고 생각해(그럴 것 같아). worry 걱정하다, 걱정(우려) presentation 프레젠테이션, 발표 rehearse 리허설(예행연습)을 하다 come back 돌아오다

 **Scene 095**

 MP3 095

학교 수업에 대한 정보 공유하기

대학교에서는 누군가의 지시에 따라서가 아니라 스스로 알아서 공부해야 하기 때문에 학점을 잘 관리하고 질 높은 수업을 들으려면 특정 수업의 특징 및 교수님에 대한 정보를 얻는 것이 무엇보다도 중요한데요. 이 같은 정보는 실제 그 교수님의 수업을 들은 친구나 상급 학생에게 물어보면 됩니다. 이를 물어볼 땐 'Have you taken Professor A's class?(너 A 교수님 수업 들어 본 적 있어?)'라고 운을 띄운 뒤 만약 상대방이 그 수업을 들은 적이 있다고 한다면 'What (else) is good about his/her class?(그분 수업의 (다른) 좋은 점은 뭐야?)'라고 물어보며 정보를 얻으면 됩니다. 참고로 특정 교수의 수업을 들은 적이 있다고 할 땐 'I took his/her class last semester.'가 아니라 'I had him/her last semester.'라고 해야 자연스럽습니다.

- Have you taken Professor __이름__ 's class?
  너 _____ 교수님 수업 들어 본 적 있어?

- I had him/her last semester.
  나 지난 학기에 그분 수업 들었어.

- What (else) is good about his/her class?
  그 분 수업에서 (다른) 좋은 건 뭐야?

- He/She __동사__ to get students' attention.
  그분(그 교수님)은 학생들 주의를 끌려고 _____하셔.

- His/Her __특장점__ prepare(s) you well for A.
  그분 (수업의)_____는 A에 잘 대비할 수 있게 해 줘.

Talk 특정 수업에 대해 묻기 ▶ 교수님의 스타일 설명 ▶ 추가 설명

Hey J, have you taken Professor Miller's class?
J, 너 Miller 교수님 수업 들어 본 적 있어?

Yeah, I had him last semester. What's up?
응. 지난 학기에 들었어. 왜 그러는데?

I heard that he teaches very well, but I also heard that he jokes too much during class.
그분이 굉장히 잘 가르친다고는 들었는데,
수업 중 농담을 너무 많이 한다고도 들었거든.

Right, but he uses humor to get students' attention and keep them interested.
맞아, 하지만 학생들 주의를 끌고 흥미를
유지시키려고 유머를 활용하시는 거야.

Ok, I get it.
What else is good about his class?
아, 그렇구나. 그분 수업에서 다른 좋은 건 뭐야?

His assignments really prepare you well for more advanced classes.
그분이 내 주시는 과제가 좀 더 높은 수준의
수업에 정말 잘 대비할 수 있게 해 줘.

---

take one's class ~의 수업을 듣다 joke 농담하다 get someone's attention
~의 주의를 끌다 assignment 과제(물), 임무 prepare A well for ~ A를 ~에 잘 준
비(대비)시키다 advanced classes 높은 수준의 수업, 상급반

시험 공부에 대해 이야기하기

시험 공부를 할 땐 방대한 양의 자료를 읽고 머릿속에 넣어야 하기 때문에 밤을 새서 공부하는 일이 많습니다. 이처럼 단기간에 많은 양을 공부해 머릿속에 쏟아 붓는 행위를 우리는 보통 '벼락치기'라고 하는데, 벼락치기는 'cram(벼락치기로 공부하다)'란 단어를 써서 'cramming'이라고 합니다. 따라서 시험 기간이 되면 이렇듯 cramming을 하는 친구들이 주변에 많은데, 이럴 때 친구들에게 'Get some sleep.(잠을 좀 자.), Everything will turn out fine.(모두 다 잘될 거야.), Don't push yourself too hard.(너무 너 자신을 몰아붙이지 마.)'와 같은 말로 걱정과 격려를 해 주면 좋을 것입니다. 참고로 미국 학생들은 시험 전 스터디 그룹을 만들어 함께 공부하는 것을 좋아하기 때문에 이를 잘 활용하면 좋은 친구를 만들어 돈독한 우정을 쌓을 수도 있을 것입니다.

- It's been __숫자__ days in a row. My brain is fried.
  연속 _____일째야. 머리가 터질 것 같아.

- The midterm/final is just __숫자__ days away.
  중간/기말고사가 이제 _____일밖에 안 남았어.

- I have to cram because I didn't __동사__ .
  나 _____하지 않아서 벼락치기로 공부해야 돼.

- Get some sleep! Don't push yourself too hard.
  잠을 좀 자! 너무 스스로를 몰아붙이지 마.

- Everything will turn out fine.
  다 잘될 거야.

Talk 밤샘한 친구를 걱정 ▶ 좀 쉴 것을 권고 ▶ 걱정해 준 것에 고마움 표시

You stayed up all night again?
너 또 밤샌 거야?

**Yeah... it's been 3 days in a row.
My brain is fried.**
응... 연속 3일째야. 머리가 터질 것 같아.

**Get some sleep! You'll be more
efficient and productive.**
잠을 좀 자! 그러면 좀 더
능률이 오르고 생산성도 높아질 거야.

**I wish I could but the final is
just 2 days away.**
나도 그러고 싶은데 기말고사가
이제 이틀밖에 안 남았어.

**Everything will turn out fine. Don't push
yourself too hard or you might regret it.**
다 잘될 거야. 너무 스스로를 몰아붙이지 마,
안 그러면 너 후회할 수도 있어.

**Thanks! But I have to cram because
I didn't do enough work this semester.**
고마워! 하지만 나 이번 학기에 제대로 못해서
벼락치기로 공부해야 돼.

---

stay up all night 밤새다 My brain is fried. 머리가 터질 것 같아. (여기서 'be fried
(튀겨지다)'는 '(머리가) 터지다, 잘 안 돌아가다'라는 뜻으로 쓰임) efficient 능률적인,
효율적인 productive 생산적인 cram 벼락치기로 공부하다

나쁜 성적에 낙담하며 이야기하기

시험이 끝나면 학교 친구들에게 'How did you do on your test?(너 시험은 어떻게 봤어?)'와 같이 물어보며 '시험 성적'에 대한 이야기도 나누게 되는데요. 성적이 나쁘게 나왔을 경우엔 이에 대해 푸념하고 위로하는 대화를 하게 될 것입니다. 이처럼 친구와 시험 성적에 대해 대화할 때 친구가 'I don't want to talk about it.(말하고 싶지 않아.), I got a C.(나 C 받았어.)'와 같이 나쁜 성적에 낙담한 듯한 말을 한다면 'You worked really hard.(넌 정말 열심히 했어.), You're kidding me.(설마 그럴 리가.)'와 같은 말로 다독여 주며 공감해 주면 좋을 것입니다. 참고로 성적이 나쁘게 나왔다고 한 친구에게 왜 성적이 나쁘게 나왔느냐고 물어볼 땐 'Why?(왜?)'라고 묻기보다는 'What happened?(어떻게 된 건데?)'라고 묻는 것이 더 적절합니다.

- How did you do on your test?
  너 시험은 어떻게 봤어?

- I feel like I worked hard for nothing.
  나 완전히 헛고생한 것 같아.

- I got a/an 학점 on 특정 시험 .
  _____(라는 시험)에서 _____(라는 학점)을 받았어.

- What happened? You worked really hard.
  어떻게 된 건데? 너 정말 열심히 했잖아.

- Professor 이름 is notorious for 명사 .
  _____ 교수님은 _____로 악명이 높아.

Hi Emma, how did you do on your test?
안녕 Emma, 시험은 어떻게 봤어?

I don't want to talk about it.
말하고 싶지 않아.

What happened?
You worked really hard!
어떻게 된 건데?
너 정말 열심히 했잖아!

I did but I feel like I worked hard for nothing. I got a C on it.
그랬지, 그런데 완전히 헛고생한 거 같아. 나 C 받았어.

You're kidding me!
설마 그럴 리가!

Now I know why Professor M. is notorious for being stingy with good grades.
왜 M 교수님이 성적 잘 주는 데 인색한 걸로 악명 높은지 이젠 그 이유를 알겠어.

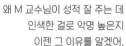

---

work hard for nothing 헛고생하다 You're kidding me! 농담하는 거지! (위에서는 문맥상 '(믿기지 않아 하며) 설마 그럴 리가!'라고 해석) be notorious for ~ ~(부정적인 이유)로 악명이 높은 stingy with ~ ~에 인색한

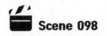

좋은 성적에 기뻐하며 이야기하기

앞서 말했듯이 시험이 끝나면 친구들과 '시험 성적'에 대한 대화를 곧잘 하게 되는데요. 이때 친구가 'I got an A+ (on the midterm/final)!(나 (중간/기말고사에서) A+ 받았어!)'라고 말하며 좋은 성적에 기뻐한다면 'Good for you!(잘됐다!), I'm happy for you!(그렇다니 정말 기뻐/잘됐어!)'와 같은 말로 호응하며 축하해 주면 좋습니다. 그리고 좋은 성적을 받게 되면 그 수업을 가르친 교수님에 대해서도 좋은 말을 해 주고 싶을 수 있겠죠? 이럴 땐 'I learned a lot from him/her.(나 그분께 많이 배웠어.)' 혹은 이전에 나쁜 성적을 받았다가 이번에 좋은 성적을 받았다면 'I shouldn't have blamed Professor A for my bad grade last time.(지난번에 성적이 나빴던 걸로 A 교수님을 탓하는 게 아니었어.)'와 같은 말로 감사한 마음을 표현하면 좋을 것입니다.

- Do you remember I got a/an 학점 ?
  내가 _____(라는 학점)을 받았던 거 기억해?

- I got a/an 학점 this time!
  나 이번엔 _____(라는 학점)을 받았어!

- Good for you!
  잘됐다!

- I shouldn't have blamed 사람 for 명사 .
  _____로 _____을 비난하는(탓하는) 게 아니었어.

- I learned a lot from 사람 .
  난 _____에게 많이 배웠어.

**Do you remember that I got a C
on the midterm in Professor M's class?**
내가 M 교수님 수업 중간고사에서
C 받았던 거 기억해?

**I do. Don't tell me you got
another C on the final.**
기억해. 설마 기말고사에서도
C를 받은 건 아니겠지.

I got an A+ this time! Isn't it amazing?
나 이번엔 A+ 받았어! 진짜 놀랍지 않아?

Good for you!
잘됐다!

**I shouldn't have blamed Professor M for my
bad grade last time. I learned a lot from him.**
지난번에 성적이 나빴던 걸로 M 교수님을 탓하는 게
아니었어. 나 교수님께 많이 배웠거든.

**Right, sometimes we give the wrong
answers when we don't understand
the questions.**
맞아, 때로는 우리가 문제를 이해하지
못해서 틀린 답변을 하는 거니까.

---

the midterm 중간고사 the final 기말고사 amazing 놀라운, 굉장한 should not have p.p. (했던 것을 후회할 때) ~하지 말았어야 했다. ~하는 게 아니었다 blame 비난하다, 탓하다 grade 성적 learn a lot from ~ ~에게 많은 것을 배우다

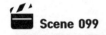

전공과 진로에 대해 이야기하기

때로는 학우들과 지금 공부하고 있는 전공은 괜찮은지, 앞으로의 계획은 무엇인지 등에 대한 진지한 대화를 하곤 합니다. 친구에게 전공은 괜찮은지 물어보고 싶을 땐 'How do you like ~?(~은 어때(마음에 들어)?)'라는 구문을 써서 'How do you like your major?(전공은 어때?)'이라고 하면 되며, 전공을 택한 이유나 앞으로의 계획은 무엇인지 묻고 싶을 땐 'Why did you decided to major/minor in ~?(전공/부전공으로 ~을 택한 이유는 뭐야?), What do you want to do (eventually)?(넌 (종국적으로) 뭘 하고 싶어?)'와 같이 물어보면 됩니다. 대학 생활의 가장 큰 장점 하나가 자신의 꿈과 진로에 대해 함께 이야기하며 귀중한 조언을 얻을 수 있는 좋은 친구들을 많이 만들 수 있다는 것인데요. 이 같은 대화를 통해 소중한 인연을 만들어 우정을 더욱 돈독히 쌓는다면 정말 좋겠죠?

- How do you like your major?
  전공은 어때? (= 전공은 마음에 들어?)

- Why did you decide to major/minor in __명사__ ?
  전공/부전공으로 _____을 택한 이유는 뭐야?

- It will broaden my perspective for my career.
  이게 내 경력에 필요한 안목을 넓혀 줄 거야.

- What do you want to do (eventually)?
  넌 (종국적으로) 뭘 하고 싶어?

- I'm thinking about a job in __분야__ .
  난 _____ 쪽에서 일하는 걸 생각 중이야.

How do you like your major?
전공은 어때?

It's super interesting but some classes require so much reading.
굉장히 재미있긴 한데 몇몇 수업은
읽어야 할 게 너무 많아.

Why did you decide to minor in Linguistics?
부전공으로 언어학을 택한 이유는 뭐야?

It will broaden my perspective for my career.
이게 내 경력에 필요한 안목을
넓혀 줄 거거든.

Sounds like you're ambitious!
So what do you want to do eventually?
넌 정말 포부가 큰 것 같아!
그럼 넌 종국적으로 뭘 하고 싶은데?

I'm thinking about a job in journalism.
난 언론 쪽에서 일하는 걸
생각 중이야.

---

super (뭔가를 더욱 강조할 때) 정말, 굉장히 minor in ~ ~을 부전공으로 공부하다
linguistics 언어학 broaden 넓히다 perspective 관점, 안목 ambitious 야심 만만
한, 포부가 가득한 eventually 결국, 종국적으로 journalism 저널리즘, 언론

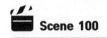

학교 생활의 고충에 대해 이야기하기

대학에 다니게 되면 수업 외에도 학업 관리를 위한 연구, 동아리 및 봉사 활동, 인턴 경험 등 다양한 활동을 하며 빡빡한 학교 생활을 하게 되는데요. 이 같이 바쁘게 생활하다 보면 일정에 치여 지치게 돼 친구에게 힘들다고 털어놓으며 위안/조언을 얻게 되곤 합니다. 이럴 땐 'juggle((두 가지 이상의 일을) 동시에 곡예 하듯이 하다)'라는 표현을 써서 'It's hard to juggle my schedule.((여러 가지) 일정을 다루는(관리하는) 게 힘들어.)'와 같이 털어놓을 수 있고, 반대로 힘들어 보이는 친구에게 먼저 안부를 묻고 싶을 땐 'hold up(견디다, 잘 해내다)'라는 표현을 써서 'How are you holding up?(요즘 어떻게 하고 있어?)'라고 물어보면서 'getting exercise(운동하는 것)', 'good night's sleep(밤에 잘 자는 것)'과 같은 컨디션 조절 방법도 일러 주면 좋을 것입니다.

- **How are you holding up?**
  요즘 어떻게 견디며 지내? (= 요즘 어떻게 하고 지내?)

- **My plate is always full.**
  내 접시는 항상 가득 차 있어. → 나 항상 일이 넘쳐 나.

- **It's hard to juggle my schedule.**
  일정을 관리하는 게 힘들어. (= 일정 관리가 힘들어.)

- **I'm trying to find a balance between A and B.**
  A와 B 사이에서 균형을 잡으려고 노력 중이야.

- **_동명사_ is important if you want to be productive.**
  생산성을 높이고 싶으면 _____하는 게 중요해.

Hey, Jim. How are you holding up?
안녕, Jim. 요즘 어떻게 하고 지내?

I feel like my plate is always full and it's hard to juggle my schedule.
항상 일이 넘쳐나는 거 같고 일정 관리가 힘드네.

Try to figure out which activities you spend most of your time on.
뭘 할 때 시간이 가장 많이 드는지 한번 따져 봐.

I'm trying to find a balance between study and work but it's tough.
공부랑 일 사이에서 균형을 잡으려고 노력은 하는데, 이게 참 버거워.

Getting exercise and a good night's sleep are important if you want to be productive.
생산성을 높이고 싶으면 운동하는 거, 그리고 밤에 제대로 자는 게 중요해.

Right. I thought going to the gym and sleeping were a waste of time but they're actually survival 101!
맞아. 난 체육관에 가는 거랑 자는 게 정말 시간 낭비라고 생각했는데, 사실 이게 기본이지!

---

figure out 알아내다, 이해하다 (위에서는 문맥상 '따져 보며 알아보다'와 같이 해석)
productive 생산적인 survival 101 생존의 기본 (위에서는 그냥 '기본'으로 해석. 그리고 '101'은 '초보의, 기본의'라는 뜻을 가진 말)

Review & Practice

① _____

안녕, 내 이름은 Joe야. 난 컴퓨터공학과 2학년이야.

② _____

만나서 반가워, 난 Sara야. 난 법학과 국제관계학을 복수 전공 중이야.

③ _____

너 가입한 동아리나 단체는 있어?

④ _____

난 바다를 굉장히 좋아해서 스쿠버 다이빙 동아리에 들었어.

⑤ _____

진짜 재미있을 것 같다. 어이, Jim. 넌 또 밤샌 거야?

⑥ _____

응... 연속 3일째야. 머리가 터질 것 같아.

⑦ _____

시내에 있는 바에서 내 룸메이트들이랑 같이 경기나 보자.

⑧ _____

나도 그러고 싶은데 기말고사가 이제 이틀밖에 안 남았어.

⑨ _____

그럼 너 시험 공부 하느라 밤새 도서관에 있을 거야?

_____ ⑩

응, 그럴 것 같아. 항상 일이 넘쳐나는 거 같네.

⑪ _____

그런데, 너 Miller 교수님 수업 들어 본 적 있어?

_____ ⑫

아니, 그런데 그분 굉장히 잘 가르친다고는 들었어.

--- 정답 ---

① Hi, my name is Joe. I'm in my second year of Computer Engineering.

② Nice to meet you. I'm Sara. I'm double majoring in Law and International Relations.

③ Did you join any clubs or associations?

④ I'm in the scuba diving club because I love the beach!

⑤ Sounds very interesting. Hey, Jim. You stayed up all night again?

⑥ Yeah... it's been 3 days in a row. My brain is fried.

⑦ Let's watch the game with my roommates at a bar downtown.

⑧ I wish I could but the final is just 2 days away.

⑨ So are you staying in the library overnight to study for the exam?

⑩ Yeah, I guess so. I feel like my plate is always full.

⑪ By the way, have you taken Professor Miller's class?

⑫ No, but I heard that he teaches very well.

이웃
사귀기

MISSION 1

친구
사귀기

MISSION 2

파티 열고
즐기기

MISSION 3

일상 대화
나누기

MISSION 4

안부
주고받기

MISSION 5

감사 인사
& 명절 인사
나누기

MISSION 6

기쁜 일
함께하기

MISSION 7

슬픈 일
함께하기

MISSION 8

성격과
체질에 대해
이야기하기

MISSION 9

별로인
사람에 대해
불평하기

MISSION 10

똑
부러지게
거절하기

MISSION 11

연애
하기

MISSION 12

학교
생활하기

MISSION 13

직장
생활하기

MISSION 14

엘리베이터
안에서
대화하기

MISSION 15

직장
생활하기

미국 회사에서는
'영어 실력'이 먼저일까?
'업무 능력'이 먼저일까?

▶ 영어가 100% 완벽하지 않아도 능력과 자격이 된다면 지원해 보자!

미국에서 직장을 구하려면 기본적인 영어 구사 능력을 갖추고 있어야 하지만, 아직 영어가 100% 완벽하지 않다 해도 회사에서 요구하는 업무 능력 및 지원 자격을 갖추고 있다면 망설이지 말고 지원해 보는 것도 좋습니다. 자신의 영어 실력이 100% 완벽해질 때까지 마냥 기다릴 수만도 없는 노릇이고, 또한 업무에 필요한 영어는 직장에서 일하며 익힐 수 있기 때문이죠. 물론 기본적인 영어 능력을 '아예' 갖추지 않고 직장에 들어갈 순 없겠지만, 모국어가 아닌 영어, 그리고 내 나라가 아닌 곳의 생활과 문화를 100% 완벽하게 익히고 익숙해지는 것은 불가능합니다. 따라서 지금까지 교재, 미드, 영화와 같은 매체를 통해 간접적인 방식으로 영어를 배웠다면 이제부터는 실제 직장에서 원어민들과 부대끼며 업무에 필요한 실질적인 영어를 배우고 익혀야 합니다.

▶ '팀워크'에 필요한 영어 실력은 꾸준히 향상시켜야 한다!

수익을 최우선으로 고려하는 회사의 경우 직원의 업무 능력을 더 중요하게 생각하는 경향이 있기 때문에 영어 실력이 부족해도 업무 능력이 훌륭하면 우선적으로 채용하기도 하고, 또한 영어 실력에 상관없이 미국 회사에서 근무하는 사람들도 더러 있습니다. 하지만 회사는 '팀워크'를 기반으로 일해야 하는 곳이기 때문에 업무 능력 외에도 다른 직원들과의 원활한 소통 능력, 업무 공유 및 보고 능력과 같은 '언어적인 능력'이 기본적으로 요구됩니다. 따라서 미국 회사에서 근무할 경우 미국 문화와 생활 및 영어를 꾸준히 배우고 향상시키려는 자세가 필요합니다.

▶ 스몰톡(small talk)을 활용하여 영어 실력 향상시키기!

이처럼 직장에서 미국인들과 부대끼며 영어 실력을 향상시키고 싶을 땐 직원들과 마주칠 때 나누게 되는 '스몰톡(small talk)'을 활용하면 큰 도움이 됩니다. 예를 들어 스몰톡을 나눴을 때 잘 이해하지 못하고 놓친 표현이나 메시지가 있다면 동료에게 직접 물어보거나 혹은 그 상황을 잘 기억해 두었다가 수첩에 기록해 둔 다음 그 표현의 의미와 용례를 찾아서 배우는 과정을 반복하게 되면 영어 실력이 효과적으로 향상될 수 있습니다.

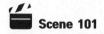

동료와 안부 인사 주고받기

미국인들은 길에서 낯선 사람과 눈이 마주쳐도 가볍게 미소 지으며 'Hi'라고 인사를 건넵니다. 이와 마찬가지로 직장에서도 회사 사람들을 마주쳤을 땐 'Hi! / Good morning!'과 같이 자연스럽게 인사를 건네면 되고, 이와 더불어 'What have you been up to?(지금까지 어떻게 지냈어요?)'라는 인사말을 직장 동료에게 건네게 되면 '지금까지 어떻게 일하며 지냈어요? / 요즘 일은 어때요?'와 같이 '일의 안부'를 묻는 인사말이 됩니다. 그리고 'What have you been up to?'라는 인사말을 들었을 땐 'It's been 형용사 these days.(요즘 ~했어요.)'와 같은 표현을 써서 'It's been pretty hectic these days.(요즘 꽤 정신없이 바빴어요.)'와 같이 근황을 말해 주면 되고, 안부 인사를 주고받은 뒤 헤어질 땐 'Have a good day!(좋은 하루 보내요!)'라고 인사해 주면 좋습니다.

- Good morning! What have you been up to?
  안녕하세요! 요즘 일은 좀 어때요?

- It's been ___형용사___ these days.
  요즘 _____했어요.

- Our team is working on ___명사___ .
  저희 팀이 _____을 맡아서 하고 있어요(진행 중이에요).

- Hope everything turns out successfully.
  모쪼록 모든 게 다 잘되길 바라요.

- Have a good day!
  좋은 하루 보내요!

Good morning!
What have you been up to?
안녕하세요!
요즘 일은 좀 어때요?

It's been pretty hectic these days.
How are you?
요즘 꽤 정신없이 바빴어요.
당신은 어때요?

Same here. Our team is working on
a new project.
저도 마찬가지예요. 저희 팀이 새 프로젝트를
맡아서 진행 중이거든요.

Right, I heard about that.
Hope everything turns out successfully!
네, 저도 그렇다고 들었어요.
모쪼록 모든 게 다 잘되길 바라요!

Thanks! Have a good day!
고마워요! 좋은 하루 보내요!

You too!
당신도요!

---

pretty 꽤, 많이 hectic 정신없이 바쁜, 빡빡한 Same here. (누군가의 의견에 대해
나도 같은 상황이라 말할 때) 저도 똑같아요/마찬가지예요. work on a project 프로
젝트를 (맡아서) 수행/진행하다 I heard about ~. ~라고 들었어요. turn out
successfully 성공하게 되다, 잘되다

Scene 102

업무 진행 상황 공유하기

회사는 '팀워크'를 기반으로 일하는 곳이기 때문에 업무 진행 상황을 공유할 때가 많습니다. 이렇듯 업무가 어떻게 진행되고 있는지 묻고자 할 땐 'How is A going?(A는 어떻게 (진행)되고 있나요?)'와 같이 물어보면 되고, 혹 업무가 더디게 진행되고 있을 땐 좀 더 빨리 해 달라고 요청할 수도 있습니다. 단, 미국 회사는 한국 회사처럼 빠르게 일을 처리하는 문화가 없기 때문에 한국어로 말할 때처럼 'Can you do it faster?(좀 빨리 해 줄래요?)'와 같이 요구하게 되면 마치 상사가 명령하는 듯 무례하게 들릴 수 있으니 'It has to be done by 시기.(그거 ~까지는 마무리돼야 해요.)'와 같이 마감 기한을 상기시키며 끝내 달라고 요청하는 것이 좋습니다. 그러면서 'Try not to work too hard!(너무 무리해서 하진 말아요!)'라는 말도 덧붙이면 좀 더 부드러운 분위기를 만들 수 있겠죠?

- How is __업무__ going?
  _____은 어떻게 되고 있나요?

- It has to be done by __시기__ .
  그거 _____까지는 마무리돼야 해요.

- I'll try to finish __업무__ ASAP.
  최대한 빨리 _____을 끝내도록 해 볼게요.

- I'll double check __명사__ before submission.
  제출하기 전에 _____을 다시 한 번 확인할게요.

- Try not to work too hard.
  너무 무리해서 일하지는 말도록 해요.

How is the XYZ project going?
XYZ 프로젝트는 어떻게 되고 있나요?

**Actually, I'm working on
something else now.**
사실, 지금 다른 일을 하고
있는 중이에요.

**You don't need to rush to do it
but it has to be done by Friday.**
너무 서둘러서 이걸 할 필요는 없는데,
금요일까지는 마무리돼야 해요.

**Ok, I'll try to finish it ASAP and
double check it before submission.**
네, 최대한 빨리 끝내도록 해 볼게요, 그리고
제출 전에 다시 한 번 확인하고요.

**Great! But try not to work
too hard!**
좋아요! 하지만 너무 무리해서
하진 말도록 해요!

Alright! I'll try not to.
네! 그러진 않을게요.

---

something else 그 밖의 다른 것 You don't need to V. ~할 필요는 없어요. rush
서두르다 be done by ~ ~까지 마무리되다 try (not) to V ~하려고(하지 않으려고)
노력하다 finish 끝내다 ASAP(as soon as possible) 되도록(최대한) 빨리 double
check 다시 한 번 확인하다 submission 제출

마감 기한을 지켜 달라고 요청하기

미국 회사라 해서 늘 자유롭고 여유롭기만 한 것은 아니며, 직원들이 각자 책임지고 맡아서 끝내야만 하는 일을 제대로 끝냈는지 또한 엄격히 묻습니다. 따라서 직원이 마감 기한을 제대로 엄수하지 못하고 있을 경우 이에 대해 기분 상하지 않게 상기시키면서 업무 일정을 제대로 지켜줄 것을 요청할 수 있는데요. 이때엔 'Aren't you supposed to V?(~하기로 하지 않았었나요?)'라는 구문을 써서 'Aren't you supposed to get it done by 시기?(그거 ~까지는 끝내기로 하지 않았었나요?)'와 같이 물어보면 되며, 또한 'time sensitive(분초를 다투는, 시간에 민감한)'이라는 표현을 써서 'It's time-sensitive.(이건 분초를 다투는 일이에요. = 이건 시간 엄수를 해야 하는 일이에요.)'라는 말까지 덧붙이면 업무를 제대로 끝내 달라는 요청까지 암묵적으로 전달할 수 있습니다.

- Are you done with __업무__ ?
  _____은 다 끝냈나요?

- I'm still working on __업무__ .
  아직 _____을 하고 있어요.

- Aren't you supposed to get it done by __시기__ ?
  그거 _____까지는 끝내기로 하지 않았었나요?

- I don't want to push you but it's time-sensitive.
  재촉하고 싶진 않은데, 이게 시간 엄수를 해야 하는 일이에요.

- I'll try my hardest to __동사__ .
  제가 _____할 수 있도록 최선을 다해 볼게요.

Talk 업무를 끝냈는지 묻기 ▶ 아직 못 끝냈다고 답변 ▶ 기한 엄수를 요청

Are you done with XYZ?
XYZ는 다 끝냈나요?

I'm still working on it but it seems that I need more time.
아직 하고 있는데 시간이 더 필요할 것 같아요.

Aren't you supposed to get it done by later this afternoon?
그거 오늘 오후 늦게까지는 끝내기로 하지 않았었나요?

I know we'll be in big trouble if I don't get this done.
마무리하지 않으면 문제가 커질 수 있다는 거 저도 알아요.

I don't want to push you but it's time-sensitive.
재촉하고 싶진 않은데, 이게 시간 엄수를 해야 하는 일이라서요.

Understood. I'll try my hardest to finish it before the end of the day.
알겠습니다. 제가 오늘 안으로 끝낼 수 있도록 최선을 다해 볼게요.

---

be supposed to V ~하기로 되어 있다 be in big trouble 큰 문제에 빠지다, 곤경에 처하다 time-sensitive 분초를 다투는, 시간에 민감한 (위에서는 문맥상 '시간 엄수를 해야 하는'으로 해석) try one's hardest/best 최선을 다하다

업무가 과중한 동료를 도와주기

과중한 업무로 지쳐 보이는 동료가 있을 때 먼저 안부를 묻고 챙겨 주며 필요할 경우 일을 분담해서 도와주겠다고 하면 동료와의 유대감이 더욱 단단해져 향후 직장 생활에 득이 될 것입니다. 이처럼 일이 많아 힘들어 보이는 동료가 있을 땐 'Is everything ok? You look super busy.(일은 잘 돼 가고 있어요? 당신 굉장히 바빠 보여요.)'와 같이 안부를 묻고 챙기면서 가능할 경우 'Is there anything I can help you with?(제가 뭐 도와드릴 만한 게 있을까요?)'와 같이 말해 주면 동료 직원이 고마워하며 큰 위안을 얻을 수 있을 것입니다. 반대로 동료가 나를 도와주겠다고 했을 땐 'Are you available to help me now?(지금 절 도와주시는 게 가능하세요?)'라고 말한 뒤 'I'd appreciate it.(그렇다면 감사하죠.)'와 같이 고마운 마음을 표하면 좋을 것입니다.

- Is everything ok? You look (super) busy.
  일은 잘 돼 가고 있어요? 당신 (굉장히) 바빠 보여요.

- I'm feeling overwhelmed with work.
  일 때문에(일이 많아) 압박감이 심해요.

- Is there anything I can help you with?
  제가 뭐 도와드릴 만한 게 있을까요?

- Are you available to help me now?
  지금 절 도와주시는 게 가능하세요?

- Feel free to let me know what I can do for you.
  제가 도울 수 있는 게 있으면 언제든 편하게 말해요.

Jen, is everything ok? You look super busy and swamped with work.
Jen, 일은 잘 돼 가고 있어요? 굉장히 바쁘고
일이 너무 많은 것처럼 보여요.

Honestly, I'm feeling overwhelmed with work.
솔직히, 일 때문에(일이 너무 많아서)
압박감이 심해요.

Is there anything I can help you with?
제가 뭐 도와드릴 만한 게 있을까요?

Are you available to help me now? I'd appreciate it.
지금 절 도와주시는 게 가능하세요?
그렇다면 감사하죠.

Yes, I am. Feel free to let me know what I can do for you.
가능해요. 제가 도울 수 있는 게 있으면
언제든 편하게 말해요.

You are a lifesaver!
당신 덕분에 살았네요!

---

swamped with ~ ~에 압도된 (위에서는 문맥상 '(일)에 시달리는, (일)이 너무 많은)'
이라고 해석) feel overwhelmed 압박감(좌절)을 느끼다 available 이용할 수 있는, 가
능한 appreciate 고마워하다 feel free to V 편하게 ~하다 lifesaver 궁지를 벗어
나게 해 주는 것, 목숨을 구해 주는 것, 구세주

동료의 업무 부탁 확실히 거절하기

직장 생활을 하다 보면 자신이 해야 할 일을 다른 직원에게 떠넘기는 경우를 종종 볼 수 있는데요. 이처럼 동료 직원 중 한 명이 제때 일을 마무리하지 못해 일을 좀 같이 나눠서 해 줄 순 없느냐고 부탁했을 경우 이를 확실하게 거절하고 싶다면 예의 있는 태도와 말투로 'I'm sorry, but obviously this is your work.(미안하지만 이건 명백히 당신 업무예요.)'라고 말하면 됩니다. 미국에서는 확실하게 'No' 사인을 보내야 합니다. 만약 한국에서처럼 '나중에, 다음에'라고 돌려서 말하게 되면 상대방에게 분명한 거절의 의사 표시로 보이지 않을 수 있기 때문에 향후 이 같은 일이 반복적으로 일어날 수 있고, 혹은 더 나아가 '나중에 해 준다고 해 놓고 안 해 준다'는 오해를 불러일으켜 동료와의 관계가 안 좋아질 수도 있으니 'No'라는 사인을 확실히 보내는 것이 좋습니다.

- My schedule is crazy.
  제 일정이 미쳤어요. (문맥상 '일정이 살인적'이라고 해석)

- I have a lot of things to get done.
  끝내야 할 일이 정말 너무 많아요.

- I just finished my work for today.
  전 지금 막 오늘 할 일을 끝마쳤어요.

- It would be better If I could share __업무__ with you.
  당신이 _____을 분담해 줄 수 있으면 훨씬 괜찮을 것 같아요.

- I'm sorry, but obviously this is your work.
  미안하지만 이건 명백히 당신 업무예요.

My schedule is crazy.
제 일정이 정말 살인적이에요.

What can we do?
We've got to(gotta) do
what we've got to(gotta) do.
우리가 뭘 어쩔 수 있겠어요?
해야 할 일은 해야죠 뭐.

I have a lot of things to get done.
What about you?
끝내야 할 일이 정말 너무 많아요.
당신은 어때요?

I just finished my work for today.
전 지금 막 오늘 할 일을 끝마쳤어요.

It would be better if I could share
my workload with you.
당신이 업무를 분담해 줄 수 있다면
훨씬 괜찮을 것 같은데.

I'm sorry, but obviously
this is your work.
미안하지만 이건 명백히
당신 업무예요.

---

have got to V ~해야만 한다('got to'는 발음 편의상 보통 'gotta'라고 줄여서 발음)
better 더 나은, 더 괜찮은 share 나누다 (위에서는 문맥상 '분담하다'라고 해석)
workload 업무량 obviously 확실히, 분명히

부재 중 전화가 왔었다고 일러 주기

회사에서 일하다 보면 자리를 비운 동료나 상사의 전화를 대신 받는 일이 생길 수 있는데요. 이처럼 부재 중 전화를 받았을 땐 누가 어떤 용건으로 걸었는지 숙지해 둔 뒤 당사자가 돌아왔을 때 'A called you.(A 씨가 전화 했어요.), A asked me to tell you to return his/her call.(A 씨가 최대한 빨리 회신해 달라고 전해 달라 했어요.)'와 같이 전달하면 됩니다. 반대로 내게 전화 온 건 없었냐고 물어보고 싶을 땐 'Did anyone call me?(저한테 전화 온 거 없었어요?)'라고 물어본 뒤 누군가 이에 대한 메모를 남겨 줬다면 'Thank you for the note.(메모 고마워요.)'라고 감사 표시를 하면 좋습니다. 참고로 부재 중 전화에 응대할 땐 'He/She is not here at this moment.(지금 자리에 안 계시네요.), He/She is out of the office.(사무실에 안 계시네요.)'라고 하면 됩니다.

- Did anyone call me?
  누가 저한테 전화했었나요? (= 저한테 전화 온 거 없었어요?)

- Didn't she/he leave a message?
  혹시 그분이 메시지는 안 남겼나요?

- I just found the note you left on my desk.
  당신이 제 책상에 남겨놓은 메모를 이제 막 봤어요.

- __사람__ called you (when you __과거 동사__).
  _____ 씨가 (당신이 _____하고 있을 때) 전화했어요.

- __사람__ asked me to tell you to return his/her call.
  _____ 씨가 회신해 달라고 전해 달라 했어요.

Talk 부재 중 전화 여부 확인 ▶ 전화가 왔었다고 언급 ▶ 전화 내용 전달

Hey, Jack. Did anyone call me?
Jack, 저한테 전화 온 거 없었어요?

Yeah, Kate called you.
네, Kate 씨에게 전화 왔었어요.

When did she call me?
Didn't she leave a message?
언제 전화한 거예요?
혹시 그분이 메시지는 안 남겼나요?

She called twice;
once when you were out of office and
once when you were in the meeting.
두 번 전화했는데, 한 번은 외근 중일 때였고
한 번은 회의 중일 때였어요.

Oh, sorry! I just found the note
you left on my desk. Thanks!
아, 미안해요! 제 책상에 남겨놓은 메모를
제가 이제서야 봤네요. 고마워요!

No problem! She asked me
to tell you to return her call ASAP.
괜찮아요! Kate 씨가 최대한 빨리 회신해
달라고 전해 달라 하더라고요.

---

leave a message 메시지를 남기다 be out of office 사무실을 나가다/비우다 (위에서는 문맥상 '외근으로 나가 있다'라는 뜻으로 해석) note 메모, 쪽지 ask A to V A에게 ~할 것을 부탁(요청)하다 return ~ call ~에게 (전화로) 회신하다

업무에 필요한 파일 주고받기

같은 부서 팀원이나 타 부서와 일을 할 땐 '업무상 필요한 컴퓨터 파일'을
주고받는 일이 굉장히 많은데요. 특히 요즘엔 인터넷을 기반으로 모든 사람
들이 언제 어디서나 접근할 수 있는 '공용 드라이브'에 업무상 필요한 파일
을 올려 놓고 이곳에 접속하여 이를 다운로드 받고 공유하는 일이 많습니
다. 따라서 이 같은 시스템을 기반으로 일하면서 업무에 필요한 파일을 찾
고자 할 땐 'Can you let me know where you saved A file?(A라는 파일
을 어디에 저장해 뒀는지 제게 좀 알려 주실래요?)'와 같이 물어보면 되며,
반대로 누군가 파일이 어디에 저장되어 있는지 나에게 물어봤을 땐 'It's in
the folder called B.(B라는 이름의 폴더에 있어요.), I've uploaded them to
C drive to share.(공유 가능하도록 C 드라이브에 업로드해 놨어요.)'와 같
이 말하면 됩니다.

- Can you let me know where you saved 파일명 ?
  _____ 파일을 어디에 저장해 뒀는지 제게 좀 알려 주실래요?

- Can you forward it to me with files attached?
  그거 파일로 첨부해서 제게 이메일로 보내 주실래요?

- It's in the folder called 폴더명 .
  _____라는 폴더에 있어요.

- I've uploaded them to 업로드한 곳 (to share).
  (공유 가능하도록) _____에 업로드해 놨어요.

- I categorized the docs by 분류 기준 .
  문서는 _____을 기준으로 분류해 놨어요.

Can you let me know where you saved the ABC file?
ABC 파일을 어디에 저장해 뒀는지
제게 좀 알려 주실래요?

It's in the folder called ABC 1 and I backed it up on a USB with a different name.
ABC 1이라는 폴더에 있고 제가 다른 이름으로
USB에 백업도 해 놨어요.

Good! Can you forward it to me with files attached?
좋아요! 그거 파일로 첨부해서 제게
이메일로 보내 주실 수 있나요?

I've already uploaded them to Google Drive to share.
공유 가능하도록 구글 드라이브에
이미 업로드해 놨어요.

I got it. Thanks!
받았어요. 고마워요!

FYI, I categorized all the docs by month and date.
참고로 모든 문서는 월별 및 일별로
분류해놨어요.

---

save 저장하다 forward 전달(전송)하다 attach 첨부하다 share 공유하다 FYI(for your information) 참고로 categorize 분류하다 doc ('document'의 줄임말) 문서

 **Scene 108**

 MP3 108

동료와 함께 커피 한잔 하며 쉬기

미국 회사에서는 직원들끼리 연수를 가거나 단체 식사를 하러 가는 일이 좀처럼 없지만, '팀워크'는 회사 생활의 기본이기 때문에 일하는 중간중간 동료들과 간단한 휴식 시간을 가지며 친분을 쌓으면 좋을 것입니다. 이처럼 일하는 틈틈이 동료들과 휴식 시간을 가질 땐 보통 '커피 한잔'을 마시며 스몰톡을 나누는 게 일반적일 텐데요. 만약 주변 동료에게 커피 한잔 마시러 나가자고 제안하고 싶다면 'Do you want some coffee?(커피나 한잔 할래요?), You've been working all morning.(당신 오전 내내 일만 했잖아요.), Let's go get some fresh air.(우리 나가서 신선한 공기 좀 쐬고 와요.)'와 같이 말하면 좋습니다. 혹 동료가 이 같은 제안에 나가길 주저한다면 'C'mon, give me a break.(에이, 그러지 말고 같이 가요.)'와 같이 적극적인 태도로 제안해도 괜찮겠죠?

- Do you want some coffee?
  커피나 한잔 할래요?

- C'mon, give me a break.
  에이, 그러지 말고 같이 가요.

- You've been working all morning.
  당신 오전 내내 일만 했잖아요.

- ___숫자___ minute coffee break will never hurt you.
  _____분 동안 커피 마시면서 쉰다고 뭔 일이 생기진 않아요.

- Let's go grab a coffee and get some fresh air.
  커피 한잔 하면서 신선한 공기 좀 쐬러 가요.

Hey Katie, do you want some coffee?
Katie, 커피나 한잔 할래요?

Later. I have to finish this.
나중에요. 저 이거 끝내야 해서.

 C'mon, give me a break.
You've been working all morning.
에이, 그러지 말고 같이 가요.
당신 오전 내내 일만 했잖아요.

My deadline is too tight. I don't want
the boss to grill me about the work.
마감 기한이 너무 빠듯해서 그래요.
사장이 일로 절 닦달하는 게 싫거든요.

 Ten minute coffee break will
never hurt you.
10분 동안 커피 마시면서 쉰다고
뭔 일이 생기진 않아요.

Alright, let's go grab one in Mini's cafe
and get some fresh air.
알았어요, Mini 카페에서 커피 한잔 하면서
신선한 공기나 좀 쐬러 가죠 뭐.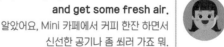

---

c'mon ('come on'의 단축형) 자, 어서 (누군가에게 재촉하거나 설득할 때 많이 사용)
Give me a break. 좀 봐 줘요. (위에서는 문맥상 '(내 제안을 거절하지 말고 나를 좀 봐서) 같이 가요'라고 해석) **deadline** 마감 기한 **grill** 닦달하다, 다그치다 **get some fresh air** 신선한 공기를 마시다(쐬다)

업무 성과를 칭찬하고 축하하기

직장 동료가 일을 성공적으로 해낸 것을 알았을 땐 그냥 지나치지 말고 정말 잘했다고 칭찬해 주면 듣는 동료의 기분도 좋을 것이고, 또한 동료와의 친분을 더 두텁게 하는 데에도 도움이 될 것입니다. 이처럼 동료의 업무 성과를 칭찬할 땐 'You did a great/fantastic job!(정말 일을 훌륭하게/멋지게 해내셨어요!)'라고 하면서 'I can't imagine working without you.(당신 없이 일하는 건 정말 상상도 못하겠어요.)'와 같은 말도 덧붙이면 듣는 상대방의 어깨가 한층 더 올라갈 것입니다. 반대로 이 같은 칭찬을 들었을 땐 'I couldn't have done this without your help.(당신 도움이 없었다면 이걸 해내지 못했을 거예요.), You also did a great job!(당신도 정말 잘했어요!)'와 같이 동료의 공로를 함께 칭찬하며 사기를 돋우는 말로 답하면 좋겠죠?

- You did a fantastic job!
  정말 일을 멋지게 해내셨어요!

- I can't imagine working without you.
  당신 없이 일하는 건 정말 상상도 못하겠어요.

- Thanks to your efforts, we (finally) made it.
  당신 노력 덕에, 우리가 (마침내) 해냈어요.

- I couldn't have done this without your help.
  당신 도움이 없었다면 이걸 해내지 못했을 거예요.

- You are smart enough to know how to 동사 .
  당신은 _____ 하는 법을 알 정도로 똑똑한 사람이에요.

You did a fantastic job!
정말 일을 멋지게 해내셨어요!

Thank you so much!
정말 고마워요!

**Thanks to your efforts, we finally made it!
I can't imagine working without you.**
당신 노력 덕에, 우리가 마침내 해냈어요!
정말 당신 없이 일하는 건 상상도 못하겠어요.

**Thanks! But I couldn't have done this
without your help. You also
did a great job!**
고마워요! 하지만 당신 도움 없인 이걸 해내지
못했을 거예요. 당신도 정말 잘했어요!

**Don't mention it. I always get a 3rd time
after being knocked down twice.**
별 말씀을요. 전 항상 두 번 넘어지고 나서
세 번 만에 일어나는 사람인 걸요.

**That means you are smart enough
to know how to avoid failure.**
그 말인즉슨 당신이 실패를 피하는 법을
알 정도로 똑똑한 사람이라는 거죠.

---

fantastic 기막힌, 정말 대단한/멋진 imagine 상상하다 without ~ ~ 없이 effort
노력 make it 해내다, 성공하다 Don't mention it. (고맙다는 말에 정중한 인사로) 별
말씀을요. be knocked down 쓰러지다, 넘어지다 failure 실패

퇴근하며 동료와 인사 주고받기

미국 회사에서는 일반적으로 오전 9시부터 오후 5시까지가 근무 시간인데 퇴근 시간 이후나 주말/공휴일에 일하게 되면 '초과 근무(extra work)'로 분류되어 기본 급여의 2배를 받게 되고, 또한 한국에서처럼 상사가 퇴근할 때까지 기다리며 눈치를 보는 일도 없기 때문에 퇴근할 때가 되면 직장 동료들과 자유롭게 몇 시에 퇴근할지 묻고 답하며 이런저런 스몰톡을 나누곤 합니다. 동료에게 몇 시에 퇴근할지 물어보고 싶을 땐 'get off (of) work(퇴근하다)'라는 표현을 써서 'What time are you getting off work today?(오늘 몇 시에 퇴근할 거예요?)'와 같이 물어보면 되고, 또한 'You have got to leave in ~ before the traffic gets worse.(교통 체증이 더 심해지기 ~시간 전에는 출발해야 될 거예요.)'와 같은 말로 걱정하고 챙겨 줘도 좋을 것입니다.

- **What time are you getting off work today?**
  오늘 몇 시에 퇴근할 거예요?

- **I should leave early today.**
  저 오늘 일찍 퇴근해야 돼요.

- **You've got to leave in ___시간___ before ___주어+동사___ .**
  _____이기 _____시간 전에는 출발해야 될 거예요.

- **I need to drive outside of rush hour.**
  러시아워(붐비는 시간대)를 피해서 운전해야(가야) 돼요.

- **Say ___인사말___ to him/her for me.**
  제 대신 그 사람한테 _____라고 전해 줘요.

What time are you getting off work today?
오늘 몇 시에 퇴근할 거예요?

It's my girlfriend's birthday so I should leave early today.
저 오늘 여자친구 생일이라서
일찍 퇴근해야 돼요.

Oh! Say 'Happy Birthday' to her for me.
오! 제 대신 '생일 축하한다'고 전해 줘요.

Sure! I will. She will be glad you thought of her.
그럼요! 생각해 주셔서 여자친구가
고마워할 거예요.

It's 4 already, though. You have got to(gotta) leave in an hour before the traffic gets worse.
그나저나 벌써 4시네요. 교통 체증이 더 심해지기
1시간 전에는 출발해야 될 거예요.

I know. I need to drive outside of rush hour.
맞아요. 러시아워를 피해서 가야 돼요.

---

get off (of) work 퇴근하다 leave 떠나다 (위에서는 문맥상 '퇴근하다'라고 해석)
think of ~ ~을 생각하다 (think-thought-thought) traffic 교통(량) get worse 악화
되다 rush hour (출퇴근) 혼잡한/붐비는 시간대, 러시아워

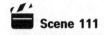

주말/휴일 계획에 대해 이야기하기

주말이나 휴일이 다가오면 직장 동료들과 쉬는 날엔 뭘 할 건지 서로 묻고
답하며 대화하게 되곤 합니다. 이때 'Do you have any plans for 시기?(~
에 무슨 계획 있어요?)'라는 말로 쉬는 날 무슨 계획은 없는지 물어볼 수 있
는데, 이때 'plan(계획)'은 단수가 아닌 복수(plans)로 말해야 된다는 점에
유의해야 합니다. 그리고 이런 질문을 들었을 때 특별히 뭘 할 계획이 없다
면 'Nothing in particular.(특별한 건(계획은) 없어요.)'와 같이 답하거나 혹
은 주중에 쌓였던 피로도 풀 겸 집에서 푹 자며 쉴 생각이라면 'sleep in(늦
잠을 자다), do nothing(아무것도 안 하다)'와 같은 표현을 써서 늦게까지
푹 자고 아무것도 안 할 생각이라고 말하면 됩니다. 그리고 대화를 마치고
헤어질 때 'Have a nice weekend/holiday!(주말/휴일 잘 보내세요!)'라는
말까지 덧붙이면 더욱 좋겠죠?

- Do you have any plans for _시기_ ?
  _____에 무슨 계획 있어요?

- Nothing in particular. What about you?
  특별한 건(계획은) 없어요. 당신은요?

- I just want to sleep in and do nothing.
  전 그냥 늦게까지 푹 자고 아무것도 안 하고 싶어요.

- I want to catch up on _명사_ .
  전 (그동안 밀렸던) _____을 따라잡고(하고) 싶어요.

- Have a nice weekend/holiday!
  주말/휴일 잘 보내세요!

Do you have any plans for the weekend?
주말에 무슨 계획 있어요?

No, nothing in particular. What about you?
아뇨, 특별한 계획은 없어요.
당신은요?

 I just want to sleep in and do nothing.
전 그냥 늦게까지 푹 자고
아무것도 안 하고 싶어요.

Same here. I want to catch up on some sleep too.
저도 마찬가지예요. 저도 그동안
밀렸던 잠이나 푹 자고 싶어요.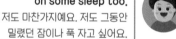

 Luckily, we have a three-day break including the weekend.
운이 좋은 게, 저희 이번 주말까지 포함해서
3일 동안 쉴 수 있어요.

Yay! Have a nice long weekend!
이야! (신나네요!) 긴 주말 잘 보내세요!

---

have plans 계획이 있다 sleep in 늦게까지 자다 Same here. 저도 마찬가지예요.
catch up on sleep 그동안 밀렸던 잠을 자다 luckily 다행히도, 운이 좋게도 break
휴식, 휴가, 방학 including ~ ~을 포함해서

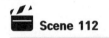
주말/휴일을 잘 보냈는지 묻고 답하기

주말/휴일이 지나 새로운 한 주간을 맞으며 회사에 출근했을 땐 직장 동료들에게 'How was your weekend?(주말은 어땠어요?), Did you have a good weekend?(주말은 잘 보냈어요?)'와 같은 인사말을 건네며 대화하곤 하는데요. 참고로 이 같은 인사말은 '주말을 어떻게 보냈는지 구체적으로 알려 달라'는 목적을 가진 인사말이 아니라 'How are you?'와 같이 상대방의 안부를 간단히 묻는 인사말이기 때문에 누군가로부터 이러한 인사말을 들었을 땐 'Mine was good.(나의 것(주말)은 좋았어요. = 저는 잘 보냈어요.)'와 같이 간단히 답하면서 상대방에게도 'How was yours?(당신은 어땠어요?)와 같이 물어보면 좋습니다. 만약 휴일에 뭘 했는지 조금 더 살을 붙여서 이야기하고 싶다면 'I went to 동사.(전 ~하러 갔었어요.)'와 같이 스몰 톡을 이어 가도 좋겠죠?

- **How was your weekend/holiday?**
  주말/휴일은 어땠어요? (= 주말/휴일은 잘 보내셨어요?)

- **Mine was __형용사__. How was yours?**
  저는 _____했어요. 당신은요?

- **I went to watch a movie, __영화 제목__.**
  저는 _____라는 영화를 보러 갔어요.

- **__특정 휴일/시즌__ is coming up.**
  _____(라는 휴일/시즌)이 다가오고 있어요.

- **I'm planning to spend some quality time with A.**
  저는 A와 오붓한 시간을 보낼 계획이에요.

How was your weekend?
주말은 잘 보내셨어요?

Mine was good. How was yours?
저는 잘 보냈어요. 당신은요?

**I went to watch a movie, 'XYZ',
and it was pretty fun.**
XYZ라는 영화를 보러 갔었는데,
이게 꽤 재미있더라고요.

**I'll watch it this coming
Thanksgiving.**
전 그 영화 이번 추수감사절 때
볼 거예요.

**Right! Thanksgiving break is coming up.
Do you have any plans?**
맞다! 추수감사절 연휴가 다가오고 있네요.
무슨 계획 있으세요?

**I'm planning to spend some
quality time with my family and
go Black Friday shopping.**
전 가족들이랑 오붓한 시간을 보내고
Black Friday 쇼핑을 하러 갈 계획이에요.

---

go to watch a movie 영화를 보러 가다 pretty 꽤, 상당히 coming (다가)오는
Thanksgiving break 추수감사절 휴일(연휴) come up (어떤 때/행사가) 다가오다
spend some quality time 의미 있는(오붓한) 시간을 보내다

Review & Practice

① _____
(아침 인사) 안녕하세요! 요즘 일은 좀 어때요?

② _____
요즘 꽤 정신없이 바빴어요. 당신은 어때요?

③ _____
일정이 정말이지 살인적이에요. 끝내야 할 일이 너무 많아요.

④ _____
그거 오늘 오후 늦게까지는 끝내기로 하지 않았었나요?

⑤ _____
아직 하고 있는데 시간이 더 필요할 것 같아요.

⑥ _____
제가 뭐 도와드릴 만한 게 있을까요?

⑦ _____
지금 저 도와주시는 게 가능하세요? 그러면 감사하죠.

⑧ _____
그럼요. 우선 ABC 파일을 어디에 저장했는지 알려 주실래요?

⑨ _____

공유 가능하도록 구글 드라이브에 이미 업로드해 놨어요.

_____ ⑩

받았어요. 고마워요! 그나저나 오늘 몇 시에 퇴근할 거예요?

⑪ _____

저 오늘 여자친구 생일이라서 일찍 퇴근해야 돼요.

_____ ⑫

오! 제 대신 '생일 축하한다'고 전해 줘요.

정답

① Good morning! What have you been up to?

② It's been pretty hectic these days. How are you?

③ My schedule is crazy. I have a lot of things to get done.

④ Aren't you supposed to get it done by later this afternoon?

⑤ I'm still working on it but it seems that I need more time.

⑥ Is there anything I can help you with?

⑦ Are you available to help me now? I'd appreciate it.

⑧ Sure. First, can you let me know where you saved the ABC file?

⑨ I've already uploaded them to Google Drive to share.

⑩ I got it. Thanks! By the way, what time are you getting off work today?

⑪ It's my girlfriend's birthday so I should leave early today.

⑫ Oh! Say 'Happy Birthday' to her for me.

이웃
사귀기
MISSION 1

친구
사귀기
MISSION 2

파티 열고
즐기기
MISSION 3

일상 대화
나누기
MISSION 4

안부
주고받기
MISSION 5

감사 인사
& 명절 인사
나누기
MISSION 6

기쁜 일
함께하기
MISSION 7

슬픈 일
함께하기
MISSION 8

성격과
체질에 대해
이야기하기
MISSION 9

별로인
사람에 대해
불평하기
MISSION 10

똑
부러지게
거절하기
MISSION 11

연애
하기
MISSION 12

학교
생활하기
MISSION 13

직장
생활하기
MISSION 14

엘리베이터
안에서
대화하기
MISSION 15

엘리베이터 안에서 대화하기

엘리베이터에서 나누는 스몰톡(Small Talk) & 엘리베이터 이용 시 에티켓

▶ 엘리베이터에서 나누는 '스몰톡', 가벼울 수 없는 그 무게감

학교, 회사, 병원, 쇼핑몰 등 요즘은 어딜 가도 웬만하면 엘리베이터를 탈 정도로 이는 일상의 한 부분이 되었는데요. 미국인들은 낯선 사람에게도 인사를 잘 건네고 스몰톡(Small Talk) 또한 즐겨 하기 때문에 엘리베이터에서 마주친 사람들과도 곧잘 대화를 나눕니다. 따라서 이에 익숙하지 않은 한국인들이 미국 현지에서 엘리베이터를 탔다가 그 안에서 마주친 미국인들이 인사하며 스몰톡을 건네는 상황을 경험하게 되면 엘리베이터를 타는 게 부담스럽게 느껴지거나 심지어 운동하는 셈 치고 계단을 이용하는 일까지 생기곤 합니다. 따라서 미국에서 엘리베이터를 탄 1~2분 남짓한 짧은 시간이 마냥 가볍게 여겨지지 못하는 분들이 많습니다.

▶ 작은 것에 대한 관심으로부터 시작되는 '스몰톡'

아파트 엘리베이터의 경우 이웃들과 날씨 및 동네에 관한 이야기, 혹은 애완견 등을 주제로 다양한 스몰톡을 나눌 수 있고, 직장 내 엘리베이터의 경우 회사 동료들과 업무 성과에 대한 칭찬 및 업무상 힘든 점 등을 주제로 스몰톡을 나눌 수 있고, 병원 엘리베이터의 경우 다른 환자들과 어디가 아픈지, 혹은 어떤 의사가 진료를 잘 보는지 등을 주제로 스몰톡을 나눌 수 있습니다. 이처럼 스몰톡은 엘리베이터가 있는 공간을 이용하는 사람들과 공유할 수 있는 소소한 주제들에 관심을 갖고 이에 대한 이야깃거리를 풀어 내는 것에서 시작합니다. 따라서 평소 작은 것에 관심을 갖고 이에 대한 말할 거리들을 준비해 뒀다 스몰톡을 나누면 정말 좋겠죠?

▶ 엘리베이터 이용 시 에티켓

엘리베이터에서는 출입문과 버튼에서 가장 먼 곳이 일명 '상석'인데요. 만일 직장에서 상사와 엘리베이터에 동승하게 될 경우 상사보다 먼저 탑승해 문이 닫히지 않도록 열림 버튼을 누른 뒤 상사가 탈 때까지 기다리고, 하차 시에는 상사가 먼저 하차할 때까지 열림 버튼을 누르고 기다려 주는 것이 비즈니스 매너입니다. 그리고 엘리베이터 내에서는 서로 간에 일정 거리를 유지하는 것이 기본 에티켓이며, 음식물을 갖고 타면 냄새로 인해 다른 사람들이 불편해할 수 있으니 이에 유의해야 하며, 정원이 초과될 때에는 제일 마지막에 탄 사람이 내려 주는 것이 좋습니다.

몇 층으로 가는지 묻고 대화하기

미국인들은 엘리베이터에서 마주친 사람들과도 스몰톡을 즐겨 합니다. 물론 아무 말 없이 조용히 갈 수도 있겠지만, 미국인들은 말 없이 무표정으로 가만히 있는 사람을 보면 그 사람이 화가 났거나 기분이 좋지 않다고 생각합니다. 또한 다니고 있는 직장이나 거주 중인 아파트, 혹은 동네 근처 마켓에서 엘리베이터를 타게 되면 친분이 없다 해도 어느 정도 안면이 있는 사람들을 마주칠 확률이 높기 때문에 이 경우 스몰톡을 나누는 것이 자연스럽습니다. 이때 부담 없이 대화를 시작할 수 있는 가장 좋은 방법이 바로 엘리베이터가 올라가는지/내려가는지 여부를 묻고 답하면서 이미 타고 있는 사람이 이제 막 타려는 사람을 대신해 층수 버튼을 눌러 주며 대화하는 것입니다. 이렇게 하면 자연스럽게 스몰톡을 나누면서도 서로에게 좋은 인상을 심어 줄 수 있겠죠?

- Is this going up/down?
  이거 올라가는/내려가는 건가요?

- What floor are you going up/down to?
  몇 층으로 올라가세요/내려가세요?

- Can(could) you hit(press) __층수__ (for me), please?
  _____층 좀 눌러 주실래요?

- I think I should get off at the next floor.
  전 다음 층에서 내려야 되겠네요.

- It only stops at even/odd numbers.
  이건 짝수/홀수 층에서만 서요.

Is this going up?
이거 올라가는 건가요?

Yes, it is!
What floor are you going up to?
네, 맞아요!
몇 층으로 올라가세요?

Can you hit 5, please?
Thank you!
5층 좀 눌러 주실래요?
감사합니다!

Well, it only stops at even numbers
and the other one stops
at odd numbers.
아, 이건 짝수 층에서만 서는 거고요,
다른 게 홀수 층에서 서요.

Oh, I see. I think I should get off at the next floor.
Could you press 4 for me, please?
아, 그렇군요. 전 다음 층에서 내려야 되겠네요.
4층 좀 눌러 주시겠어요?

Sure!
물론이죠!

---

go up/down 올라가다/내려가다 floor 층 hit 치다, 두들기다(위에서는 '(버튼 등을) 누르다'라는 의미로 쓰임) even number 짝수 odd number 홀수 get off 내리다 next floor 다음 층 press 누르다

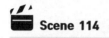

엘리베이터 문을 잡아 달라고 부탁하기

미국에서는 건물의 출입구를 드나들 때나 엘리베이터를 타고 내릴 때 다른 사람이 오는지 여부를 확인하고 문을 잡아 주는 것을 기본 예의로 여깁니다. 따라서 다른 사람이 오는 것을 알고도 문을 잡아 주지 않는다면 무례하고 이기적인 사람으로 보일 수 있습니다. 또한 미국인들은 개개인이 확보하고 있어야 할 최소한의 공간을 늘 고려하기 때문에 상대방에게 너무 가까이 다가가게 되거나 그 옆을 지나가게 되면 'Excuse me.(실례합니다.)'라는 인사말부터 공손하게 건넵니다. 따라서 엘리베이터를 탈 때에도 이미 타고 있는 사람에게 문을 잡아 달라고 요청하거나 짐이 있으니 안으로 조금만 더 들어가 달라고 부탁할 땐 반드시 'Excuse me. / I'm sorry.'라는 말부터 하고 나서 문을 잡아 달라거나 안으로 들어가 달라고 요청하는 것이 좋습니다.

- Excuse me, can you hold the door, please?
  실례지만 문 좀 잡아 주실 수 있나요?

- I'm sorry but can you step inside a little bit?
  죄송하지만 안으로 조금만 들어가 주실래요?

- Sorry, I should take the next one but 주어+동사 .
  죄송해요, 다음 걸 타야 되는 게 맞는데 _____ 라서요.

- Got that! / Got it!
  이해해요! (= 알겠어요! or 그렇군요!)

- 명사 made the elevator busier.
  _____ 때문에 엘리베이터가 더 붐비네요.

Excuse me, can you hold the door, please?
실례지만 문 좀 잡아 주실 수 있나요?

Sure!
물론이죠!

 I'm sorry but can you step inside a little bit? I have two suitcases and some boxes.
죄송하지만 안으로 조금만 들어가 주실래요?
짐 가방이 두 개에 박스도 몇 개 있어서요.

I think you need more room for them.
제 생각엔 공간이 더 필요할 것 같아요.

 Sorry, I should take the next one but my flight is leaving in an hour.
죄송해요, 다음 걸 타야 되는 게 맞는데
비행기가 1시간 뒤에 이륙하거든요.

Got that! The escalator construction made the elevator busier.
그렇군요! 에스컬레이터 공사 때문에
엘리베이터가 더 붐비네요.

---

hold the door 문을 잡다 step inside (안으로) 들어가다 a little bit 조금, 다소
suitcase 여행 가방 room 공간, 자리 take the next one 다음 것을 타다 flight 비
행(편) leave 떠나다, 출발하다 in an hour 한 시간 후에 Got that. / Got it. 이해해요.
construction 공사 make A ~ A를 ~하게 만들다

엘리베이터에서 만난 이웃과 대화하기

거주 중인 아파트에서 엘리베이터를 타다 어느 정도 안면이 있는 이웃을
마주쳤을 땐 'Hi, how are you?(안녕하세요, 잘 지내시죠?)'와 같이 인사를
건네는 것이 기본 예의이며, 이와 함께 'It's ~ outside today.(오늘 밖이(밖
에 날씨가) ~하네요.), I feel this is the hottest/coldest day this ~.(오늘이
올 ~ 들어 가장 더운/추운 것 같아요.)'와 같이 날씨 이야기를 주고받거나
'Do you live in this apartment building?(이 아파트 건물에 사시나요?),
I've seen you around.(얼굴을 뵀었어요.), I wanted to say Hi.(인사 드리고
싶었어요.)'와 같은 말까지 주고받으면 서로 간에 친분을 쌓을 수 있습니다.
하지만 상대방의 사생활에 대해 지나치게 캐묻거나 혹은 자신의 사생활에
대해 너무 자세하게 이야기하는 것은 서로에게 불편할 수 있으니 조심해야
합니다.

- It's __형용사__ outside today.
  오늘 밖이(밖에 날씨가) _____하네요.

- I think this is the hottest/coldest day this __계절__ .
  오늘이 올 _____ 들어 가장 더운/추운 것 같아요.

- I could really use __명사__ right now.
  지금 당장 _____가 있으면 딱 좋겠어요.

- I've seen you around and wanted to say Hi.
  얼굴을 뵀었는데 인사 드리고 싶었어요.

- I moved in __기간__ ago and I'm still settling in.
  전 _____ 전에 이사 왔는데 아직까지도 적응 중이에요.

Hi, how are you?
안녕하세요, 잘 지내시죠?

I'm good. How are you?
It's scorching outside today.
좋아요. 잘 지내시죠? 오늘 밖이 참 덥네요.

I know! I feel this is the hottest day
this summer. I miss rain and cool weather.
맞아요! 오늘이 올 여름 들어 가장 더운 것 같아요.
비랑 선선한 날씨가 그립네요.

Right! I could really use an iced coffee
and cool breeze right now.
맞아요! 지금 당장 아이스커피 한잔 하면서
선선한 바람까지 불면 딱 좋겠어요.

Do you live in this apartment building?
I've seen you around and wanted to say Hi.
이 아파트 건물에 사시나요?
얼굴을 봤었는데 인사 드리고 싶었어요.

Oh, thanks! I moved in a week ago
and I'm still settling in.
앗, 고마워요! 전 일주일 전에 이사 왔는데
아직까지도 적응 중이에요.

---

scorching (맹렬히) 더운 I could really use ~. ~가 있으면 딱 좋겠어요. (직역하면
'~을 정말 쓸 수 있어요'라는 뜻이지만 일상생활에서는 위와 같은 뜻으로 쓰임)
breeze 산들바람. 미풍 move in 이사 들어오다 settle in 정착(적응)하다

애완견과 함께 탄 사람과 대화하기

애견 문화가 많이 발달한 미국에서는 어딜 가나 애완견과 함께 다니는 사람들을 많이 볼 수 있습니다. 따라서 엘리베이터에 애완견을 데리고 탄 사람이 있을 경우 자연스럽게 개에 대한 관심을 드러내며 'It is so adorable/cute!(강아지가 너무 예쁘네요/귀엽네요!)'라고 말을 붙일 수 있고, 'Is it a girl or a boy?(여자애(암컷)인가요 남자애(수컷)인가요?), How many months(years) is he/she?(몇 개월/년이나 됐나요?), He/She is very friendly.(우리 개는 성격이 굉장히 친근해요.)'와 같이 품종과 나이, 성격 등에 대해 묻고 답하다 보면 자연스럽게 서로에 대한 경계심을 완화시키며 대화를 이어 갈 수 있습니다. 혹은 'He/She is so cute. Can I pet him/her?(개가 너무 귀여워요. 만져 봐도 될까요?)'와 같이 애완견을 쓰다듬어 보면 안 되냐고 물어볼 수도 있겠죠?

- It is so adorable! Can I pet him/her?
  개가 너무 사랑스러워요(예뻐요)! 만져 봐도 될까요?

- How many months/years is he/she?
  개가 몇 개월/년이나 됐나요?

- What is the breed?
  무슨 종인가요?

- He/She is 숫자 month(s)/year(s) old and 품종 .
  _____개월/년 됐고 _____(라는 품종)이에요.

- Pet him/her back from behind.
  뒤쪽에서 등을 쓰다듬으세요.

Talk 개가 예쁘다고 칭찬 ▶ 나이/품종 묻기 ▶ 만져도 되는지 묻기

Awww.. It is so adorable!
Is it a girl or a boy?
어머나.. 강아지가 너무 예뻐요!
여자애인가요 남자애인가요?

She is a girl.
여자애예요.

How many months is she
and what is the breed?
몇 개월이나 됐고 무슨 종인가요?

She is 6 months old
and mixed.
6개월 됐고 믹스견이에요.

Oh, she is so cute.
Can I pet her?
정말 너무 귀여워요.
만져 봐도 될까요?

Sure, she is very friendly but
pet her back from behind.
그럼요, 굉장히 친근한 성격이긴 한데
(자칫하면 물릴 수도 있으니)
뒤쪽에서 등을 쓰다듬으세요.

---

adorable 사랑스러운 breed (애견) 품종 mixed (dog) 믹스(잡종)견 cute 귀여운
pet (n) 애완동물, (v) 쓰다듬다, 어루만지다 friendly 다정한, 우호적인, 친근한 from
behind 뒤에서

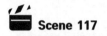

타지에서 온 관광객과 대화하기

여행지에서 엘리베이터를 타게 되면 타지에서 온 관광객들을 많이 마주치게 되는데요. 이때 이들에게 'It's definitely high travel season, isn't it?(정말 딱 여행 성수기네요, 안 그런가요?)'와 같이 말을 건네면 'Is it? It's my first time in ~.(그런가요? 전 이 ~(라는 곳)은 처음이에요.), It's so cool to feel ~ vibe.(~한 분위기를 느끼니 정말 끝내주네요.)'와 같은 답변이 돌아와 서로 주거니 받거니 화기애애한 스몰톡을 이어 갈 수 있습니다. 그리고 서로 초면인 사이기 때문에 'Where are you from?(어디에서 오셨나요?)'와 같은 질문을 던지거나 받을 수 있는데, 이 같은 질문에 답할 땐 자신의 출신지가 누구나 아는 대표적인 도시(ex: LA, New York)가 아니라면 'I'm from 도시명, 주/국가명.(ex: I'm from Seoul, Korea.)'와 같이 말하는 것이 좋습니다.

- It's definitely high travel season, isn't it?
  정말 딱 여행 성수기네요, 안 그런가요?

- Actually, it's my first time in 지역 이름 .
  사실 전 _____(라는 지역)이 처음이에요.

- Where are you from? / I'm from 출신지 and you?
  어디에서 오셨어요? / 전 _____에서 왔어요. 그쪽은요?

- How's your trip going so far?
  지금까지 여행은 어때요?

- It's so cool to feel the 특정 지역 vibe.
  _____의 분위기를 느끼는 게 정말 끝내줘요.

Wow! It's definitely high travel season, isn't it? The beach is so crowded.
와, 정말 딱 여행 성수기네요, 안 그런가요?
바닷가가 사람들로 북적거려요.

Is it? Actually, it's my first time in LA. It's so cool to feel the California beach vibe.
그런가요? 사실 전 LA는 처음이에요. 캘리포니아
바닷가 분위기를 느끼니 정말 끝내주네요.

Where are you from?
어디에서 오셨어요?

I'm from Austin, Texas and you?
텍사스 오스틴에서 왔어요. 그쪽은요?

I'm a California girl. So, how's your trip going so far?
저는 캘리포니아에서 나고 자랐어요.
그래서, 지금까지 여행은 어때요?

It's been great! People here are so friendly and there are a lot of things for tourists to do in the city.
정말 좋아요! 여기 사람들도 정말 친절하고,
이 도시엔 관광객들이 할 만한 게 참 많네요.

---

definitely 확실히, 딱 high (travel) season (여행) 성수기 crowded 붐비는, 복잡한 cool 시원한, 멋진, 끝내주는 beach 바닷가, 해변 vibe 분위기, 느낌, 기운 friendly 다정한, 우호적인 tourist 관광(여행)객

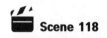

현지인에게 맛집이나 명소 추천 받기

여행을 가서 엘리베이터를 타게 되면 그곳에 사는 '현지인'도 마주치게 되는데요. 만약 현지인으로 보이는 상대방에게 '여기 분이세요?'라고 물어보며 말을 건네고 싶다면 'Are you from here?'이라고 물어보면 됩니다. 단, 'Are you a native American?'과 같이 묻게 되면 'American Indians(인디언 원주민)'이냐고 묻는 질문이 되니 꼭 'Are you from here?'이라고 말해야 합니다. 그리고 이 같은 간단한 대화를 주고받은 후엔 현지에서 유명한 맛집 등을 추천해 달라고 할 수도 있는데, 이때 식당 직원에게 묻듯이 'Which is the most popular dish here?(여기서 제일 맛있는 게 뭐예요?)'라고 물어보면 상황에 어울리지 않는 뉘앙스의 말이 되기 때문에 'Which restaurants do you like?(어떤 식당을 좋아하세요? = 어떤 식당이 좋은가요?)'와 같이 물어봐야 합니다.

- Hi, are you here on vacation?
  안녕하세요, 여긴 휴가로 오신 건가요?

- I love getting recommendations from locals.
  전 현지분들한테 추천 받는 걸 정말 좋아해요.

- Which restaurants do you like?
  어떤 식당이 좋은가요?

- You should try ___음식___ while you're in ___지역___ .
  _____에 계실 동안 _____은 꼭 드셔 보세요.

- This is my floor. Nice talking with you!
  전 이제 내려야 되겠네요. 이야기 나눠서 좋았어요!

Hi, are you here on vacation?
안녕하세요, 여긴 휴가로 오신 건가요?

**Yes, we are. For a summer family trip.
Are you from here?**
네, 맞아요. 여름 가족 여행으로요. 여기 분이세요?

**Yeah, I'm a native.
I've spent my whole life here.**
네, 여기 토박이에요. 평생을 여기서 살았죠.

**Good! I love getting recommendations
from locals. Which restaurants do you like?**
잘됐네요! 제가 현지분들한테 추천 받는 걸
정말 좋아하는데. 어떤 식당이 좋은가요?

**You should try Cajun shrimp while you're in
New Orleans. The best place for it is
just a 5-minute drive from here.**
뉴올리언즈에 계실 동안 케이준 새우는 꼭 드셔 보세요.
제일 잘하는 집이 여기서 차로 5분 거리예요.

**I was so lucky to bump into you today!
Oh, this is my floor. Nice talking with you!**
오늘 이렇게 우연히 뵌 게 운이 참 좋았네요!
아, 전 이제 내려야 되겠네요. 이야기 나눠서 좋았어요!

---

get recommendations 추천 받다 local 주민, 현지인 a 숫자-minute drive from ~
~에서 차로 ~분 거리 bump into ~ ~와 우연히 마주치다 This is my floor. 여긴
제가 내릴 층이에요. (위에서는 문맥상 '전 이제 내려야 돼요'라고 해석)

Review & Practice

① _____

(개를 안고 탐) 15층 좀 눌러 주시겠어요?

② _____

물론이죠! 그나저나, 오늘 밖이 참 덥네요, 안 그런가요?

③ _____

맞아요! 지금 당장 아이스커피 한잔 하면 딱 좋겠어요.

④ _____

(개를 보며) 개가 너무 예쁘네요! 여자애인가요 남자애인가요?

⑤ _____

여자애예요. 6개월 됐고 믹스견이에요.

⑥ _____

정말 너무 귀여워요. 그런데 여긴 휴가로 오신 건가요?

⑦ _____

네, 맞아요. 여기 분이세요?

⑧ _____

네, 여기 토박이에요. 그래서, 지금까지 여행은 어때요?

⑨ _____

정말 좋아요! 이 도시엔 관광객들이 할 만한 게 참 많네요.

_____ ⑩

뉴올리언즈에 계실 동안 케이준 새우는 꼭 드셔 보세요.

⑪ _____

알았어요! 오늘 이렇게 우연히 뵌 게 운이 참 좋았네요!

_____ ⑫

아, 전 이제 내려야 되겠네요. 이야기 나눠서 좋았어요!

정답
---

① Could you press 15 for me, please?

② Sure! By the way, it's scorching outside today, isn't it?

③ Right! I could really use an iced coffee right now.

④ It is so adorable! Is it a girl or a boy?

⑤ She is a girl. She is 6 months old and mixed.

⑥ Oh, she is so cute. By the way, are you here on vacation?

⑦ Yes, I am. Are you from here?

⑧ Yeah, I'm a native. So, how's your trip going so far?

⑨ It's been great! There are a lot of things for tourists to do in the city.

⑩ You should try Cajun shrimp while you're in New Orleans.

⑪ Got it! It was so lucky to bump into you today!

⑫ Oh, this is my floor. Nice talking with you!

이웃 사귀기

MISSION 1

친구 사귀기

MISSION 2

파티 열고 즐기기

MISSION 3

일상 대화 나누기

MISSION 4

안부 주고받기

MISSION 5

감사 인사 & 명절 인사 나누기

MISSION 6

기쁜 일 함께하기

MISSION 7

슬픈 일 함께하기

MISSION 8

성격과 체질에 대해 이야기하기

MISSION 9

별로인 사람에 대해 불평하기

MISSION 10

똑 부러지게 거절하기

MISSION 11

연애 하기

MISSION 12

학교 생활하기

MISSION 13

직장 생활하기

MISSION 14

엘리베이터 안에서 대화하기

MISSION 15

Review & Practice

① 교재에서 배운 표현들을 한눈에 훑어 보며 복습하세요.
② 생각나지 않는 표현이 있을 경우 박스(□)에 체크 표시를 해둔 뒤 표현이 나와 있는 페이지로 돌아가서 다시 공부하세요. 몇 번이고 곱씹으며 반복해서 공부해야 머릿속에 각인될 수 있습니다.

Mission 01 │ 이웃 사귀기

□ Are you a new neighbor?	20
□ We moved in 때/시기.	20
□ I'm 이름 and moved in 주소지/아파트 호수.	20
□ This neighborhood is 형용사.	20
□ After we settle in, I'll invite you for a coffee.	20
□ Do you have any plans for 때/시기?	22
□ Nothing in particular.	22
□ I'd like to invite you to 동사.	22
□ Is 숫자ish ok for you?	22
□ Sounds like a plan!	22
□ Please come (on) in.	24
□ I brought some 음식 to go with the coffee/tea.	24
□ Perfect for 명사.	24
□ Please have a seat and make yourself at home.	24
□ The place is 형용사.	24
□ Do I have to take off 명사?	26
□ Either way is fine.	26
□ Would you like anything to drink?	26
□ 명사 sounds good. Thanks!	26
□ How do you take your 마실 것?	26

Mission 02 | 친구 사귀기

Mission 05 | 안부 주고받기

Mission 06 | 감사 인사 & 명절 인사 나누기

Mission 07 | 기본 일 함께하기

Mission 08 │ 슬픈 일 함께하기

Mission 09 | 성격과 체질에 대해 이야기하기

Mission 10 | 별로인 사람에 대해 불평하기

Mission 11 | 똑 부러지게 거절하기

Mission 12 │ 연애하기

Mission 13 | 학교 생활하기

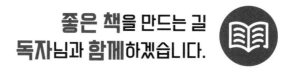

좋은 책을 만드는 길
독자님과 함께하겠습니다.

미국에서 기죽지 않는 쓸만한 영어 [사회생활 필수 인싸회화]

초판11쇄발행	2023년 07월 03일
초 판 발 행	2019년 10월 15일
발 행 인	박영일
책 임 편 집	이해욱
저 자	Sophie Ban
영 문 감 수	Elizabeth Nicole Williams
편 집 진 행	심영미
표지디자인	조혜령
편집디자인	임아람 · 하한우
일 러 스 트	이지윤
발 행 처	시대인
공 급 처	(주)시대고시기획
출 판 등 록	제 10-1521호
주 소	서울시 마포구 큰우물로 75 [도화동 538 성지 B/D] 9F
전 화	1600-3600
팩 스	02-701-8823
홈 페 이 지	www.sdedu.co.kr
I S B N	979-11-254-6022-0(13740)
정 가	14,000원